El libro naranja del mindfulness

Lo que necesitas saber para

tomar el control desde tu mente

Cris Sosa

Índice

Introducción   Página 3

Componentes fundamentales   Página 7

Constructos básicos del mindfulness   Página 18

La paz   Página 37

Primer pilar: la conciencia   Página 45

Segundo pilar: la aceptación   Página 52

Tercer pilar: el presente   Página 57

Cuarto pilar: la compasión   Página 62

La mente sabia   Página 67

Hábitos de la gente mindfulness   Página 76

Las cuatro caras del desarrollo humano   Página 86

La enajenación   Página 97

Energía, fuentes y ladrones   Página 103

Para finalizar   Página 122

Introducción

Se dice comúnmente, que cualquier bobo puede aprender de un sabio, pero que hay que ser muy sabio para aprender de un bobo.

Lo que encuentro en este libro

Son diferentes las motivaciones que me han llevado a escribir este libro, pero la principal ha sido transmitir aquello que más me ha ayudado en la vida, hasta formar parte esencial de mi forma de entender el mundo y de desarrollarme en él.

En lo personal he pasado por muchas cosas, he probado tanto lo más dulce como lo más amargo de la vida. Por muchos años he padecido depresión y no sé si algún día dejaré de padecerla. Lo que tengo claro, desde muy joven, es que nuestra forma de pensar marca la diferencia en nuestra realidad, que nuestro enfoque puede ser lo que separa un suicidio de una vida plena.

Con esto no quiero decir, ni que el mindfulness sea la respuesta contra el gran índice de suicidios, ni que sea sólo una herramienta para los que padecen depresión. Mi intención en este libro es ayudarte a sacar una mejor versión de ti, en la cual tus pensamientos y tus emociones estén a tu servicio y no seas una víctima de ellos. No te volverás inmune, pero sus efectos serán diferentes.

Lo que encontrarás en este libro es una iniciación al mindfulness. Por supuesto no lo es todo, pero será lo suficiente para que notes grandes cambios en tu vida, tanto mental como emocionalmente.

Orígenes del mindfulness

Mucho se habla últimamente, aunque no lo suficiente, de esta práctica llena de beneficios. Sus orígenes se remontan a la meditación budista con más de dos mil quinientos años de antigüedad. Ha sido parte fundamental y práctica de diferentes religiones, sin embargo, en torno a mil novecientos setenta, el doctor Jon Kabat-Zinn, lo introdujo secularmente a través de su programa de reducción del estrés basado en el mindfulness, en la Universidad de Massachusetts.

A partir de ahí, el mindfulness se ha extendido por occidente gracias a sus beneficios para la salud mental y frente al estrés. En la actualidad, podemos decir que forma parte de importantes estudios y prácticas dentro de la psicología, siendo sus resultados respaldados por múltiples estudios

De lo que se trata

Si tenemos que resumirlo de forma clara, diríamos sencillamente que se trata de la atención plena al presente, al momento. Sin embargo, te darás cuenta de que esto va más allá. La atención plena, sin juicio, te ayudará a ver el mundo interno y externo con otros ojos, te brindará el poder de disfrutar de la vida a otro nivel y desarrollarte mejor como persona. Para ello he desarrollado los temas que he considerado fundamentales, te invito a meditar en ellos y sacar tanto tus propias ideas como conclusiones y no sólo aplicar el mindfulness a tu vida, sino dejar que tu propia experiencia moldee tu aprendizaje.

Así que…

Así que, sin más, te invito a disfrutar, a tomar el tiempo necesario en cada tema como para meditar sobre ello y a poner en práctica todo lo que te sume.

De un bobo a los sabios
Cris Sosa

Componentes fundamentales

"La mejor manera de capturar un momento es poniendo atención. Esta es la manera
en la cual cultivamos mindfulness" – Jon Kabat-Zinn

Existe una serie de conceptos que son la base del mindfulness y, conocerlos y desarrollarlos te serán de gran ayuda en tu desarrollo personal. Ponerlas en práctica requiere, no sólo su conocimiento, sino que es necesario hacer uso de ellos en la vida cotidiana. En cada situación, por pequeña que resulte, podemos examinar, modificar e intensificar nuestra atención, tanto como nuestra intención o nuestra actitud.

La atención:

Se trata de la habilidad de enfocarnos en una sola cosa por momento. Por supuesto este componente es una parte principal del mindfulness. En la práctica, durante la vida cotidiana, podemos observar cómo nuestra atención va de estímulo en estímulo, vagando sin control. Esto lo vemos reflejado en que, cada vez, nos cuesta más concentrarnos en una cosa sin ser interrumpidos por molestos pensamientos o gratas distracciones.

El término "multitasking" hace alusión a la capacidad de realizar varias tareas a la vez. Lo peor no es que se practique asiduamente, sino que se valora como una cualidad o habilidad positiva. Fomentar que nuestra mente vague dispersa entre diferentes tareas, ideas o asuntos, puede parecer más útil, pero no lo es, no sólo disminuye enormemente la productividad, sino que crea personas agotadas y frustradas, desarrolladas muy por debajo de su nivel.

Aunque el multitasking se aplica principalmente al ámbito laboral, no sólo se limita a este. ¿Cuándo fué la última vez que de verdad disfrutaste de una comida? Y me refiero a olerla detenidamente, saborear cada ingrediente, comer conscientemente cada bocado. Claro que puedo comer en "modo multitasking" mientras contesto una llamada, respondo un mensaje o veo las noticias, pero ¿dónde está mi atención? ¿Dónde se encuentra mi enfoque? Intenta pensar en ese ingrediente, esa zanahoria, el tiempo que tuvo que pasar sembrada, la tierra que la alimentó, el agua que le dió crecimiento… Intenta hacer esto con varios de los ingredientes que consumes, no se trata sólo del tiempo de cocción o lo que tardaron en traerla a la mesa. Ahora piensa también en el aporte que le está dando a tu cuerpo, las vitaminas, proteínas y otros nutrientes que van a formar parte de tus músculos y huesos, no sólo comemos para quitar el hambre, disfrutar de un desayuno o un almuerzo puede ser mucho más.

La capacidad de dominar nuestra atención nos distingue de los niños de tres años que siguen un sonajero. Puedes disfrutar mucho más, rendir mucho mejor, conocer en profundidad el mundo que te rodea, si consigues dominar tu atención.

Entrando un poco en el mundo interno, de la piel para adentro, cuando sentimos un estímulo, como un golpe en el pie, nuestra atención se centra automáticamente y de forma inevitable en ello. Esto es un mecanismo físico muy útil, pero lo mismo pasa cuando nos sentimos mal, cuando la tristeza o ansiedad comienzan en nuestro ser. Es como caminar con una piedrecita en el zapato, no parece haber forma de hacer nada hasta que no la saquemos. Nuestra atención se centra en ese mal sentimiento y todo lo enfocamos desde él. Pero tú puedes hacer algo al respecto, puedes dominar tu atención para enfocarse en algo más, y no me refiero a ignorar lo que se siente, sino en ser capaz de centrar la atención en exactamente cómo me siento y poderla enfocar en otra cosa sin que esto la maneje.

Mindfulness también consiste en percibir cómo nuestra atención migra de un lado a otro y ser capaz de ponerle un alto y dirigirla hacia donde queremos.

Existe una creciente problemática, y no son pocas las personas que, abordando este tema, me comentan como, cada diez minutos de trabajo, o en medio de conversaciones importantes, tienen que abandonarlo todo y entrar en Facebook, Instagram, WhatsApp... Este problema no afecta a pocas personas, y ya no se trata sólo de un problema de productividad o educación, sino que también, sino de "discapacidad de atención" y es muy grave. Esto provoca una severa desconexión con la realidad, problemas de memoria, y la tristeza típica que viene de no disfrutar del presente.

Cada momento es único, irrepetible, claro que no todos los momentos son agradables. Por ejemplo, durante la visita al dentista, quizás prefieres que tu atención no esté precisamente en tu boca, por difícil que esto resulte. No pasa nada por enfocarse en un recuerdo, pensamiento o idea, que nos haga sobrellevar mejor la situación. Pero lo más frecuente no es estar en el dentista, sino vivir momentos agradables, un paseo por la playa, un rato jugando con tus hijos o sobrinos, una caricia en la mano por parte de la persona que amas, disfrutar una buena película... La vida cotidiana está llena de buenos momentos, no todos tienen que ser una fiesta, un ascenso o un logro académico, los pequeños placeres construyen la felicidad. Pero esto no sólo necesita, sino que merece ser disfrutado por completo, vivido, recordado, y esto sólo es posible si haces que tu atención esté centrada contigo en ese momento y lugar.

Por ello, la próxima vez, o cada una de las veces, que te sorprendas "viajando" en lugar de estar presente, enfocado en el ahora, trata de hacerte venir, de observar activamente el momento y disfrutar de él.

La intención:

Es el para qué y es sumamente útil. Para empezar, ¿para qué estoy centrando mi atención en esto? ¿Para qué estoy realizando esta tarea? ¿Para qué estoy conociendo a esta persona?

Cuando comprendemos el para qué, cuando definimos nuestra intención, nuestras acciones ganan mucho valor e importancia para nosotros. Gran parte de nuestra vida la vivimos con el "piloto automático" encendido, haciendo todo lo que tenemos que hacer y siendo como debemos ser. Tenemos motivaciones importantes, pero estas parecen lejanas y ajenas a todas las tareas cotidianas que realizamos.

Vivir entendiendo las intenciones detrás de cada acción, hace que todo tenga un mayor sentido y significado. Al encontrar las razones positivas sobre para qué hacemos determinadas cosas, estas ganarán en calidad de forma notable y tú trabajarás más fácil en ellas.

Por supuesto que las intenciones no están relegadas a las pequeñas acciones, nada más lejos de la realidad. En nuestro plan o proyecto de vida, debemos reflejar nuestras grandes intenciones; estar sano, ser feliz, ser mejor, ser una buena pareja... Posteriormente estas "grandes" intenciones o "intenciones madre" se ramifican en las intenciones cotidianas: me cepillo los dientes para tener una buena higiene bucal, es la rama de "quiero estar sano".

La adversidad, los obstáculos, los inconvenientes, ponen a prueba la fuerza de nuestra intención. ¿Hasta qué punto quiero ser un buen padre o madre? Cuando opto, no sólo por pasar un momento con mi hijo, sino que ese momento sea de la calidad que ello merece, y se interpone un dolor de cabeza ¿qué hago? ¿Pospongo el momento? Si mi intención es firme, haré lo que sea con la máxima dedicación, empeño y amor. Por supuesto eso se puede extrapolar a muchas circunstancias ¿Qué es más fuerte, mi determinación por ser bueno en mi trabajo o mi desgana por el conflicto que acabo de tener?

Una intención firme y consciente en cada cosa que hacemos, es un pilar fundamental en el desarrollo de la persona. Nos ayuda a progresar activamente con propósitos y nos ayuda a trazar el rumbo de nuestra vida a la par que intensifica y mejora la calidad de nuestras acciones y actos.

La actitud:

El tercer componente fundamental del mindfulness es la actitud. Y podemos definirla, de una forma sencilla, como nuestra manera o forma de afrontar determinado hecho.

Por supuesto nuestra actitud va a estar muy influenciada por la atención que prestemos y la intención que tengamos. Sin embargo, nuestra actitud es algo que podemos decidir y entrenar para perfeccionarla de la manera que queramos.

Podemos hablar de la actitud reflejada de dos maneras:
- Interna: la manera en la que me tomo las cosas. Cómo afectan y cómo reacciono a ellas en mi mente y corazón.
- Externa: La manera en la que me muestro con mis palabras o acciones.

A priori, se podría pensar que tenemos mayor control sobre la actitud externa que sobre la interna, pero esto no es así. Lo que sucede es que es más fácil dominar nuestros actos que nuestros pensamientos o sentimientos, pero ello no implica que tengamos un mayor poder o autoridad sobre uno que sobre otro.

Nuestra actitud interna se puede definir y controlar, porque nuestros pensamientos y sentimientos se pueden controlar.

¿Quiero tener actitud de víctima ante lo que me pasa o afrontar los reveses con resiliencia? ¿Quiero tener una actitud violenta en mis relaciones o serena?

Es complejo discernir si es nuestra actitud la que influye en nuestros sentimientos o es al revés. Pero lo que sí está claro es que ambos están intrínsecamente ligados. Es por ello que podemos trabajar en ambos factores a la par, sabiendo que a mayor control ejerzamos sobre nuestros sentimientos, podremos tener una mejor actitud y, a su vez, cuanto más trabajemos en nuestra actitud, más apropiados y provechosos serán nuestros sentimientos.

La actitud es contagiosa, tanto para con otras personas, como para nosotros mismos en el futuro. Con esto quiero señalar, que la actitud que tengamos en un momento puede ser continuada el resto del día, sobre todo en los casos en los que dicha actitud esté marcada por factores como mal o buen humor. Podemos aprovechar el buen estado de ánimo como el viento que sople a favor de la vela de nuestra actitud, sin embargo, no podemos basarnos en ello, porque es cambiante y voluble. En lugar de eso, fijarnos en nuestra intención puede ser más provechoso y sólido.

También, al ser contagiosa hacia otros, nos otorga un gran poder y responsabilidad para con nuestro entorno. Hay que tener en cuenta, que mucha gente se influencia con gran facilidad, y una sonrisa a un desconocido, una palabra amable con la panadera, o un gesto amable con quien quiera que interactuemos, puede marcar una diferencia en el desarrollo de su día. Por supuesto, es aún más fácil hacer lo contrario, arruinar el día de alguien con una actitud negativa. Pero esto no debe ser así en una persona mindful.

Tenemos la responsabilidad y el poder de dictaminar nuestra actitud. He oído, y seguro que tú también, personas que excusan una continuada mala actitud con pseudo verdades como que es su carácter, su forma de ser o su manera de actuar. Esto no debe ser tomado como una licencia para ir por la vida hiriendo gente, o tratando mal al prójimo. Esto no sólo es dañino para los demás, sino que además, esta especie de escudo que levantamos ante el mundo, resulta altamente tóxico para nosotros mismos.

En muchas ocasiones este es el resultado de muchas heridas internas, un carácter forjado por el daño. Otras tantas veces puede ser por infantilismo o una mala regulación interna, aunque también puede ser por cosas puntuales como sueño o hambre. En ambos casos, es importante no tomar su actitud como algo personal ni dejar que nos afecte para mal. El enfoque apropiado en el trato en estas circunstancias es usar la compasión, comprender lo negativo que es para la persona cargar con esas actitudes y mirarlo como a alguien que padece una dolencia.

Para finalizar con este punto, te insto a cultivar y desarrollar una actitud enriquecedora, productiva y responsable, repleta de compasión, amabilidad y amor, contigo mismo y con tu entorno. Tus acciones, relaciones y ecosistema interno, mejorarán enormemente y te darás cuenta de cómo aumenta tu capacidad de disfrutar de la vida apreciando el sabor de lo cotidiano

Constructos básicos del mindfulness

"Mindfulness significa estar despierto. Significa saber lo que estás haciendo" – Jon Kabat-Zinn

Ser mejor, está por encima de sentirse mejor

La búsqueda de la felicidad prima en el sentido del estilo de vida de la mayoría de las personas y esto no está mal. Sin embargo, la felicidad no es lo que se siente en un momento concreto, sino algo continuado. Es como el tiempo y el clima, si un día llueve, ese es el tiempo, si llueve nueve meses al año, eso es el clima. Por ello podemos decir que un día lluvioso es el tiempo en medio de un clima soleado. Tomando este ejemplo, una persona feliz puede sentirse mal en un momento puntual, o llorar.

Cuando la felicidad se basa en sentirse bien, las prioridades pueden llevarnos a tomar decisiones erróneas. Esta es la base de las adicciones, un ejemplo lo tenemos en una persona alcohólica, que cada vez que sale a beber busca sentirse bien, aunque las consecuencias no lo lleven a ser mejor y mucho menos a ser feliz. Puede ser el mismo caso el de una persona adicta a la adrenalina generada al pelear. Discute cotidianamente como forma de comunicación y esto le puede llevar a sentirse mejor con un pico de energía, pero esto no le acerca lo más mínimo a la felicidad.

Si te enfocas en ser mejor, en diferentes aspectos, no sólo le darás un sentido correcto a la vida, sino que te acercarás más a la felicidad. Se puede ser mejor, no mejor que otros, sino mejor de lo que tú eres ahora, y progresar como persona. Esto implica el sacrificio de ser mejor con las personas de tu entorno, establecer mejores relaciones, estar más sano, ser más sereno, más motivado, tener un mayor dominio de la mente y de las emociones…

Ser mejor es un trabajo en uno mismo, pero que se ve reflejado en todos los que nos rodean, los cuales se ven enormemente beneficiados. Mientras que sentirse bien puede ser un acto egoísta que busca la propia satisfacción, ser mejor puede ser un acto altruista lleno de amor, que da un mayor significado a la vida y la llena de sentido.

Una persona mindful, busca ser mejor cada día de su vida, tiene metas, proyectos y planes, que por supuesto implican, a veces, no sentirse bien, como cuando hay que madrugar, abstenerse de ciertas comidas o hacer ejercicio. Pero todo ello aporta control sobre el presente y nos acercan a vivir la felicidad.

El mindfulness se centra en nuestra habilidad de vivir el presente y la realidad del momento, tanto lo aparentemente bueno, como lo presumiblemente malo. Si tenemos claridad en nuestra mente, tendremos claridad en nuestras decisiones y acciones. Aunque el deseo de sentirnos bien puntualmente nos impulse a sucumbir a deseos cuyas consecuencias pueden ser nefastas, el dominio propio que nos aporta el mindfulness nos ayuda a decidir lo que realmente nos conviene.

Siendo conscientes y consecuentes con que nosotros tenemos la facultad de controlar nuestros deseos, por fuerte que estos sean, aprendemos a conectarnos con nuestro yo interior, reconocer nuestra motivación real y tomar las decisiones correctas.

El mundo interno es igual al mundo externo:

Afirmar que nuestro pensamiento crea nuestra realidad es una verdad que no debe ser tomada a la ligera ni tergiversada. No se trata de decir que aquello en lo que piensas es lo que atraes, como si enfocarte en desear mucho dinero, o una buena relación, eso sea lo que "el universo" te va a regalar.

Es en nuestro mundo interno donde nosotros decidimos el valor o significado, que le asignamos a cada experiencia. Cómo sería tu vida si pudieras decidir qué extraer de cada evento. De una conversación con el jefe, en el cual habla de tu bajo rendimiento, puedes extraer una motivación para trabajar mejor, tomar la decisión de mejorar como trabajador o puedes extraer que no se te comprende ni valora, que tu potencial no es tenido en cuenta y que las cosas irían mejor si te hicieran caso. Lo que extraemos, cómo vivimos la experiencia, no depende tanto del suceso en sí, como de nuestro mundo interno.

Supongamos, por establecer un ejemplo, que tu pareja te deja por otra persona. El cómo vivirás este evento, no depende tanto de la experiencia en sí, como del significado que le demos en nuestro mundo interno. Si lo que hacemos es activar el ego, y dejarnos llevar por él, la ira nos consumirá y dejará amargados por meses o años. Si el significado que le damos está lleno de comprensión y autoanálisis, podemos extraer un valioso aprendizaje y abrirnos a una sanidad real mucho más corta y fructífera abriendo la puerta a la oportunidad del autodescubrimiento y crecimiento.

Salió el sembrador a sembrar. Y al echar la semilla, parte cayó junto al camino y vinieron los pájaros y se la comieron. Otra parte cayó en terreno pedregoso, donde no había mucha tierra y brotó pronto por no ser hondo el suelo; pero al salir el sol, se agostó y se secó porque no tenía raíz. Otra parte cayó entre espinos; crecieron los espinos y la ahogaron. Otra, en cambio, cayó en buena tierra y comenzó a dar fruto, una parte el ciento, otra el sesenta y otra el treinta.

Esta parábola, llena de sabiduría, nos puede aportar un buen punto. Que en muchas ocasiones no importa tanto la habilidad del sembrador, el cual esparció al voleo, ni la calidad de la semilla, como la fertilidad y la idoneidad de la tierra. ¿Qué tan fértil es tu mundo interno con lo positivo? ¿Eres capaz de extraer lo bueno de cada situación? ¿Qué tan estéril es tu mundo interno a lo negativo? ¿Dejas que mine la moral y determine tu ánimo?

Es en el mundo interno donde realmente podemos trabajar. Muchas veces queremos cambiar el exterior, lo que no nos gusta, no nos convence, lo que creemos que se puede y debe mejorar. Pero donde primero debemos trabajar para encontrar los resultados duraderos y reales es en nuestro interior. Cuando una persona tiene dificultades para ver, no trata de alterar y definir toda la realidad, se pone las gafas él porque el problema está en los ojos. De esta misma manera, trabajar en el correcto funcionamiento del mundo interno, mejora nuestro enfoque del mundo externo.

Trabajar en nuestra percepción real y máxima del momento que vivimos, a través del mindfulness, facilita enormemente la asimilación de la verdad para poder digerirla en nuestro mundo interno.

Al analizar el significado que nosotros le damos a las experiencias y tratar de decidir voluntariamente en lugar de forma emocional, podrás extraer lo positivo de cada suceso, lo que te enriquece, y no enfocarte en el dolor o daño que esto te causa.

Personas lastimadas, lastiman a otras personas:

No es errónea la afirmación que dice que somos lo que comemos. Pero no debe limitarse a que somos la comida que ingerimos, también somos las experiencias que hemos vivido, para bien o para mal. También es cierto, e importante recordar, que somos nosotros quienes decidimos el peso y significado que damos a cada experiencia, pero eso no evita que pasemos por circunstancias que dejan una huella.

Esas huellas, sobre todo si son reforzadas, hacen caminos, senderos del pensar y sentir que nos dirigen al actuar, casi de forma automática. Una vida marcada por el sufrimiento a distintos niveles, físico y emocional, hace que se desarrolle un mecanismo de defensa, que puede estar basado en aislarse en el ostracismo o en ser el primero en herir para no ser herido.

Las heridas crean traumas y estos tienen la muy mala costumbre de querer forjar nuestro carácter y dominar nuestra manera de decidir. Sus argumentos son muy persuasivos, claro, basados en la experiencia. "Si ha pasado antes volverá a pasar", "las cosas siempre serán así", "todo se repetirá"...

Estos padecimientos pueden verse reforzados de dos maneras:

- La repetición: vivimos el mismo suceso en repetidas ocasiones. La continuidad en el tiempo, es decir, cuando lo que pasa, pasa durante mucho tiempo, o que pase más de una vez, creará patrones de respuesta en nosotros. Se puede poner el ejemplo de la persona que sufre malos tratos, de cualquier tipo, cuanto más perdure en el tiempo, más erosionará a la persona. También, si encuentra a varios maltratadores a lo largo de la vida, se acostumbrará a relacionarse desde el punto de vista de víctima, salvo que decida, activamente, poner un alto.
- Dejar que tomen el control: en el hipotético caso de una separación, supongamos que una de las

partes no quiere separarse. Un abandono puede ser un evento extremadamente traumático y doloroso durante el cual pueden salir a relucir sentimientos tales como, la tristeza, sentimiento de culpa, de inferioridad... Entonces algunas personas optan por enfocar su vida desde ese caos. Se miran a sí mismos como "abandonados" y forman su identidad a partir de ahí. Su respuesta ante el mundo es desde el rol víctima, esperan que todos se apiaden y lo traten como alguien herido, golpeado, roto. Este evento puede suceder sólo una vez, pero si dejamos que tome el control, se verá reforzado como si hubiera pasado varias veces en la vida.

"Me gusta hablar con personas rotas, o que algún día lo estuvieron. Es grandioso ver cómo almas muertas se empeñan en seguir brillando"
Charles Bukowski

Aunque pueda tratarse de una ardua tarea, especialmente cuando ha habido diferentes refuerzos, está en nuestra mano poner un alto a este ciclo de daño, hiero porque me hirieron, me hirieron porque fueron heridos, herirán porque yo heriré. Una de las grandes, o mayores, ventajas de una mente mindful, radica en la capacidad de decidir aquello que queremos transmitir. Por ello, es importante tener claro qué tipo de persona queremos transmitir que somos, una víctima, o un superviviente, una fiera indómita o una fuente de serenidad y paz.

También podemos decidir y trabajar nuestro ecosistema interno, para sentirnos y vivir de una mejor manera. Cuando este ecosistema se encuentra lleno de heridas, daños y traumas, se convierte en un paisaje nada bonito, en el cual predominan el miedo, la ira, la rabia, el dolor y la desconfianza. Y recuerda que tu mundo interno define el externo. La persona con un interior así está abocada a la amargura e infelicidad, a no ser que sea capaz de poner un alto, de decidir ser diferente.

Por supuesto la decisión es sólo el paso previo a la mejora, es necesario actuar activamente. La mejor herramienta, imprescindible e insustituible, es el perdón. Es un sendero inevitable que hemos de caminar si queremos sanar internamente y que esto se refleje en nuestro exterior.

El rencor es un potentísimo veneno, y quien lo toma muere cada día. Perdonarse a sí mismo es algo que hemos de hacer a diario, aprendiendo del error, tratando de subsanarlo y siendo mejor persona. El comprender que todos actuamos mal en ocasiones y que todos cometemos errores y que muchas personas se dejan llevar por las circunstancias o son víctimas de sus impulsos, nos ayudan a perdonar a quien nos ha hecho daño. En muchas ocasiones, basta con darse cuenta que el daño no ha sido personal, sino que esa persona ha actuado así por sus propias causas o heridas.

Enfoque y consecuencias emocionales

Se trata de un punto similar al que abordamos cuando hablamos del significado que le damos a los acontecimientos o la carga emocional que depositamos en ello.

"Lo que pensamos, es en lo que nos convertimos"
Buda

Hablar del enfoque, es hablar de aquello en lo cual decidimos centrar nuestra atención. Es tan sencillo como decir que si nos enfocamos en el dolor, seremos personas heridas, si lo hacemos en la sanidad, seremos supervivientes.

"Por lo demás, hermanos, todo lo que es verdadero, todo lo honesto, todo lo justo, todo lo puro, todo lo amable, todo lo que es de buen nombre; si hay virtud alguna, si algo digno de alabanza, en esto pensad"
Filipenses 4:8

Un enfoque en el momento presente, desde un punto de vista neutro, es decir, sin juicios ni prejuicios, nos ayuda a mantenernos sanos en la mente y las emociones, sin permitir que nada nos evada del ahora.

Disfruto mucho de la compañía de esas personas que siempre se enfocan en lo positivo de otras personas o situaciones. No se trata de negar lo malo, ni de ser enfermizamente positivo, sino de aceptar las cosas como son, reconocer tanto lo bueno como lo malo, y elegir enfocarse en lo bueno. Hacer esto nos vuelve personas más agradecidas por todo lo bueno que tenemos y que sucede cada día en nuestra vida, y no enfocarnos en aquello que no llega a suceder o que nos falta.

- Enfocarnos en lo que tenemos: muchas personas se desviven por lo que tendrán en el futuro, un mejor trabajo, una pareja, un coche nuevo... muchas otras se sienten vacías por cosas que ya han perdido, salud, juventud, familia... Sólo disponemos de lo que tenemos ahora, en este preciso momento, nuestros recursos se mueven en el presente y si tenemos claro de dónde venimos y a dónde queremos ir, mantener el foco en el presente canalizará nuestros esfuerzos y energías, de forma mucho más eficiente, para alcanzar nuestras metas, sin depresión por el pasado o ansiedad por el futuro.

- Enfocarnos en lo que somos: todos tenemos una autopercepción, es la representación de la suma de nuestros diferentes "yos". Esta depende de factores como la autoestima o el autoconcepto. Sin embargo, aunque hemos de ser conscientes de cómo queremos llegar a ser y sabemos cómo hemos sido, nuestro enfoque debe permanecer en el cómo somos ahora.

- Enfocarnos en reconocer lo que sentimos y pensamos: Yo llamo "lavarse las manos de la mente" al proceso previo para observar nuestro interior, sin añadir sentimientos o pensamientos de juicio. Esto debe ser así, porque de lo contrario le tenemos que sumar lo que pienso y siento de lo que pienso y siento y esto es como observar a través de un telescopio sucio. Cuando nos convertimos en esa persona observadora silenciosa, que se limita a percibir, lo siguiente ya puede ser tratar de manipularlos, modificarlos, moldearlos.

Aunque en muchas ocasiones pueda parecer que somos víctimas de emociones emergentes que vienen y van, provocadas por estímulos externos sobre los cuales no tenemos control alguno, lo cierto es que tú puedes despertar y aumentar emociones según en lo que decidas enfocarte. Trata de entrenarte para ello, esto activará tus mecanismos de autorregulación emocional y te ayudará en momentos difíciles. Una manera de practicar, consiste en observar detenidamente un cuadro, o una foto, y comenzar a fijarse, tanto en la obra de arte, como en el ecosistema interno. ¿Qué pensamientos o recuerdos vienen a mi mente?

¿Qué sentimientos despierta esto en mí?. Una vez hecho esto, sin detenerte a analizar si algo de eso es lógico o no, o el por qué, ni si es bueno o malo, intenta modificarlos, busca una emoción diferente y experiméntala, puedes elegir una y cuando la hayas alcanzado, pasar a otra. Si la obra te inspira tranquilidad, intenta ponerte triste, muy triste, y luego alegre, deja que diferentes sentimientos y emociones desfilen por ti. De esta manera estarás practicando tu capacidad de seleccionar emociones, pero mucho cuidado con esto, no podemos vivir alienados, Siempre, en cada situación, hay que observar lo que se siente y permitirte sentirlo, tienes licencia para sentir. Es muy peligroso etiquetar como "malo" o "negativos" algunos sentimientos y negarse a experimentarlos. Todo lo que sentimos, no sólo lo sentimos por algo, sino que además lo sentimos para algo, todo tiene su función. No debemos dejarnos llevar por ellos ni estancarnos, pero desde luego tampoco podemos privarnos de sus efectos beneficiosos.

Lo que hacemos y lo que somos, no es lo mismo

Una de las cosas más complejas y significativas a las cuales podemos enfrentarnos de forma más o menos habitual, es la de presentarnos a nosotros mismos. "Hola, me llamo Susana y soy..." y ¿qué añadimos esto?, ¿nuestra profesión?, ¿nuestros logros académicos?, ¿alguna afición destacada?. Claro que lo mejor en estos casos es no ser el primero en presentarse, sino dejar que otro lo haga para después imitar sus parámetros, si dijo la edad, decirla también, si dijo de dónde es, lo mismo…

En el caso de identificarnos con nuestra profesión puede pasar algo, ¿qué sucede con aquellas personas que cambian de trabajo?, ¿entonces son seres diferentes?. O algo peor aún, qué sucede al jubilarnos ¿dejamos de ser personas?. Aquella profesión que ejercemos dice mucho de nosotros; nuestras habilidades, preferencias, gustos… pero no define quienes somos en realidad, tan sólo lo que hacemos durante el horario laboral, cuarenta horas a la semana.

Si lo piensas, mucho más útil que a qué nos dedicamos, es saber cómo nos dedicamos a ello. Una historia común (no sé si cierta o no) habla de un conductor de autobuses, un busero. Esta persona hacía su ruta en el autobús público cada mañana. Todos los días, lloviera o hiciera sol, él saludaba enérgicamente y con una sonrisa a cada pasajero. No sólo era un trabajador amable y alegre, sino que era altamente contagioso, hasta el punto de marcar una diferencia en el desarrollo del día de los pasajeros.

Si esta persona se tuviera que presentar, qué diría. ¿Se definiría como un conductor de autobuses? Frenar en los semáforos en rojo, usar correctamente las luces, detenerse en cada parada y cobrar, eso haría de él un buen conductor de autobuses. Todo lo que hace de añadidura, su alegría contagiosa, su preocupación por cada pasajero, su bondad... eso sí dice quién es él. No es tanto lo que hacemos como el cómo lo hacemos.

Tampoco nuestros actos definen quienes somos. Este punto incluso puede ser más discutible, porque las etiquetas siempre están presentes. Si alguien comete actos propios de un idiota, lo definimos como tal. Entonces usamos las etiquetas, tanto en un buen sentido como en uno peyorativo. Pero si analizamos en el sentido más pragmático de nuestros actos y nuestra identidad, es más correcto decir que nosotros no somos los actos que hemos cometido, sino los que nos quedan por cometer.

Para ejemplificar usemos la ilustración de una bolsa en la cual sabemos que hay diez bolas. De la cual sacamos una de las bolas y vemos que es de color rojo, también la segunda y así hasta llegar a la quinta.

Entonces, basándonos en la ley de las etiquetas y de que somos nuestros actos, podemos deducir que se trata de una bolsa llena de bolas rojas y así dejamos la cosa. Pero tal vez, la bola número seis era azul, y las restantes también. Entonces se trataba de una bolsa de bolas rojas y azules, es más, cuando hemos sacado las cinco primeras bolas, lo que tenemos en las manos es justamente una bolsa llena de bolas azules, justo cuando decimos que se trata de bolas rojas.

De la misma manera, una persona que durante treinta años ha sido tacaña, si viviera hasta los ochenta, aún podría ser una persona generosa durante cincuenta años, la mayor parte de su vida. Quien lo haya conocido durante la primera etapa de su vida, lo etiquetaría como persona tacaña y se equivocaría rotundamente. Es por ello que pocas cosas hay tan poco mindfulness como poner etiquetas. Se trata de algo cómodo, sencillo y hasta parece práctico, pero nos aleja enormemente de un análisis correcto de la realidad, la verdad y el ahora.

Desde un punto de análisis mindfulness, podemos decir que nosotros somos más allá de nuestra imagen mental. Somos lo que pensamos y lo que hacemos con nuestros pensamientos, lo que sentimos y lo que hacemos con los sentimientos, somos las posibilidades y elecciones que tenemos en la mano justo ahora y ser nosotros mismos nos otorga un gran poder en el presente.

La paz

"Apártate del mal, y haz el bien;
Busca la paz, y síguela"
Salmo 34:14

No son pocos los tesoros de los cuales podemos disfrutar las personas, pero de todos ellos, si tengo que elegir y quedarme con uno, elijo la paz. El por qué resulta muy sencillo, porque sin ella, no podemos disfrutar ninguno de los otros tesoros.

La falta de paz puede hacer que todo pierda su sabor: la alegría, el amor, la salud, el gozo… todo queda insípido cuando vivimos sumidos en rencillas o, mejor definido, víctimas de ello. No podemos disfrutar de los placeres de la vida, y por "podemos" me quiero referir a "podemos" como un pez es incapaz de volar, como el hielo es incapaz de arder, sin perder su forma, un ser humano no puede vivir plenamente si tiene conflictos al vivir su paz. Ante una vida carente de motivación, o cuando pruebas todo, pero no disfrutas de nada, cabe preguntarse si puedo enfocar mis pensamientos desde la paz. No es poca la gente que, por perder la batalla por la paz en su mente, vive sumida en conflictos y divisiones, en envidias y sintiendo que todo está en su contra.

Desde la honestidad, ¿crees que la paz es algo que abunda en la mente y los corazones de las personas el día de hoy? Y, lo que es más importante, ¿crees que la paz es el paisaje y clima dominante en tu propia mente y corazón? Esto es lo que importa realmente, porque la propia paz es fruto de mucha disciplina, trabajo y una gran determinación. No es venida por la ausencia de conflictos, problemas o dificultades, sino que se da como consecuencia de una mente fuertemente preparada con un enfoque correctamente trabajado para canalizar dichas adversidades. Dicho de cierta manera, nosotros somos quienes elegimos nuestra paz y trabajamos en ella.

Como respuesta a la pregunta "define la paz", he obtenido diferentes respuestas, pero en su mayoría, apuntan a sitios tranquilos, música suave y atardeceres con pájaros cantando. Una taza de bebida caliente contrarrestando el frío de un bosque aislado, también está presente en las descripciones. Esto también podría ser paz, pero entra más en el apartado de tranquilidad quizás. En medio de una discusión o de un choque de tráfico puede haber también paz, pues no se trata de un sentimiento, sino de un enfoque que nos hace ver y asumir, de determinada manera, los pensamientos y emociones.

En cierta manera, el uso y perfeccionamiento del mindfulness como enfoque del pensamiento, nos ayuda a forjar y mantener una mente orientada a la paz, capaz de gestionar los conflictos internos y externos que se nos presentan cotidianamente, así como a inspirar una presencia de paz a nuestro entorno.

En nuestra mente, y nuestro corazón, existen diversos enemigos de la paz. Como puedes ver, se trata de algo infinitamente valioso que no debe ser puesto en peligro por nada, sin embargo, el orgullo, los afanes, el egoísmo, querer tener la razón, los anhelos, las falacias mentales y emocionales que sufrimos... todo ello atenta contra nuestra paz y nos la quita de las manos como arena. No obstante, de qué sirve cumplir con las expectativas de vida de nuestro "yo anheloso" y ser incapaces de disfrutar de nada por carecer del enfoque de la paz.

Una mente mindfulness, debe estar cerrada a gritería, discusiones vacías, peleas sin argumentos, innecesarias e improductivas. Y debe estar abierta a la argumentación, a la paz y al bienestar.

Probemos una cosa

Ahora vamos a capturar momentos. La mente tiene el poder de almacenar y revivir recuerdos cuando lo necesitamos, aunque muchas veces lo hace de forma arbitraria y sin control. Tú puedes usar esto a tu favor.

Lo primero es encontrar el momento y vivirlo, quizás un rato de playa, tal vez una escapada al monte, pudiera ser un paseo al perro o acariciar al gato mientras este ronronea.

Y ahora que lo estás viviendo, debes capturarlo y, para ello, debes vivirlo al máximo. Observa tu respiración, tus pulsaciones, siente el tacto de tu piel, la temperatura del ambiente, la luz que te ilumina. Aférrate al olor, es un poderosísimo ancla para los recuerdos, consérvalo en un frasco en tus pensamientos. Analiza los sonidos de fondo, el silencio, el murmullo, los pájaros... No intentes cambiar nada, acéptalo todo tal como es, así como te es dado, como un regalo envuelto.

Cuantos más detalles conserves será mejor. Las personas tendemos a usar más unos sentidos que otros, pero ejerciendo la memoria sensorial ganarás mucho.

La captura de este momento, para revivirlo, no tiene como finalidad refugiarnos en él ante cada situación, nuestra paz debe sobrepasar las situaciones a las que nos enfrentemos. Pero puede servirnos como ayuda cuando la ansiedad nos supera o cuando se trata de una situación difícil, hasta que, desde la propia paz, podamos afrontarlo todo.

Probemos otra cosa

Esta vez, vamos a cambiar el enfoque, ahora se trata de vivir otro momento, uno en cual la ira se apodera de ti, o que la desesperación esté dictando directamente, la realidad a tu corazón. Un momento en que lo que quieres es llorar, gritar o golpear algo. Siempre digo: si quieres llorar, llora, si quieres reír ríe, pero si las emociones te están saturando y estás perdiendo el control, revive tu recuerdo tranquilo.

Enfócate en cada sentido, uno por uno, tan despacio como puedas. Lleva tu corazón y respiración a los niveles del recuerdo, deja que tu olfato abra el frasco y recupere aquel olor. Tu piel debe dejar volver ese tacto y deja los pensamientos fluir. Antes de que te des cuenta, la situación estará bajo control, pero hay algo más que tienes que hacer.

Observa tus pensamientos y sentimientos sin juzgarlos, déjalos fluir, no cedas a todo aquello que en este momento consigue incendiarte, necesitas vaciarte para tomar el control y ser tu mejor versión.

Habrá, dentro de ti, un impulso destructivo, que quiere tomar el control y hacer que todo el fuego interior continúe vivo. Pero tú tienes la decisión, tuyo es el poder y el control. El objetivo del ejercicio es, viviendo un recuerdo complicado, aprender a aplicar la paz sobre nuestros sentimientos y pensamientos, como un entrenamiento, para cuando estemos pasando por un conflicto real.

Meditación para la paz:

No lo conozco todo, ni necesito conocerlo.

Puedo lograr las metas y llegar más lejos, pero ahora estoy donde y cuando debo estar.

No puedo ni quiero controlar a la gente: lo que dicen, lo que hacen, lo que sienten…

Ahora mismo no puedo ni quiero tener o ser más o menos de lo que tengo y soy ahora.

Mi respiración y mis latidos son cuanto necesito y no dependen de mí.

Yo soy una persona única, ni mejor ni peor que los demás.

Yo soy paz.

Primer pilar: la conciencia

"Si un hombre actúa con una mente impura, el sufrimiento lo seguirá como la rueda de un carro sigue a la bestia que lo arrastra, pero si un hombre actúa con la pureza en su pensamiento, la felicidad lo seguirá como si fuera su propia sombra"
Buda

Platón, centrado en este caso en explicar la naturaleza del alma humana, narra la alegoría, a groso modo, de un carro dominado por una persona, auriga, el cual es tirado por dos caballos, uno bueno y dócil que nos guía hacia el bien, y otro díscolo y perverso que hace que tendamos hacia todo lo que es malo. Por supuesto, el destino del viaje de este carro no lo decide la voluntad del caballo, sino la determinación del piloto.

¿Tienes pensamientos o los pensamientos te tienen a tí? Comúnmente, nuestra mente parece un aeropuerto en el cual los pensamientos vienen y van según les convenga, los diferentes temas hacen escala en nuestro estado de ánimo y ninguno parece aportar nada positivo. Otras veces, se trata de un campo de batalla, en medio de una guerra, en el cual, si estamos tristes, todos los pensamientos se centran en esa dirección, fríos y catastróficos, procurando un mayor daño y sufrimiento del que se siente, entrando en un círculo de fatalidad.

Trabajar la conciencia incide en darle una mayor autoridad al auriga que guía el carro de nuestro ser, es decidir a qué destino va cada pensamiento y cuánto tiempo puede hacer escala, también es como un "alto el fuego" que permite poner fin a un ciclo que parece no tenerlo.

Es preciso entender que aquí no hay nadie con mala intención alguna, los pensamientos carecen de voluntad, aparecen por diferentes mecanismos, como fortalecer o tener algo que ver con una emoción u otro pensamiento. Por eso, con voluntad, está en tu mano "cerrar el grifo" de esa afluencia de pensamientos o "cambiar la sintonía" de las voces que oímos.

Dentro del abordaje del mindfulness, la conciencia es uno de los cuatro pilares que la sostienen. Se trata de tener control sobre lo que pensamos, vivir la plenitud del momento, con todas las consecuencias. Tanto la fantasía como la memoria, son herramientas importantes, necesarias y positivas en nuestra vida, sin embargo, al no ejercitar el dominio sobre estas, es frecuente que sean los mayores obstáculos en el momento de centrarse en la verdad del presente y dejar de percibir una realidad edulcorada.

En una sociedad orientada a la distracción, la evasión y el calor lo intangible, es cada vez más necesario adquirir y ejercitar la capacidad de poner un alto y controlar lo que hay en nuestra cabeza. Trabajar en el control de los pensamientos, no se basa exclusivamente en frenar ciertos pensamientos caóticos, sino en redirigir las voces de nuestra mente a aquellos pensamientos que son bienvenidos. Observar el exterior y el interior, analizar la realidad tratando de sacar el propio protagonismo de ella para poder aceptarla sin prejuicios ni negaciones.

El término "conciencia plena" hace alusión a el acto o facultad, de traer la mente al presente, observar y analizar una situación, la actual situación, y estar completamente presente, sin dejarnos abrumar por lo que sucede ni desgastarnos en querer controlarlo.

Es necesario hacer el constante ejercicio de traer la mente al presente y limpiarla de vicios para que podamos emplearla como es debido, sacar el máximo potencial y dirigirla, en lugar de ser dirigidos por ella.

Entrando un poco más en el campo de lo práctico, aunque seguro que ya habrás desarrollado alguna idea de cómo hacerlo, trata de revivir una discusión, sí, empecemos por eso para practicar. Dependiendo de cómo haya sido la experiencia, te vendrán diferentes sensaciones y sentimientos (qué poderosos son los recuerdos) Entonces debes hacer algo que podrás hacer cada vez que te encuentres en situaciones similares:

- Observar sin juzgar: Observa a la otra persona, sus gritos, sus argumentos, sus acciones y reacciones, pero no lo hagas para responder, hazlo para aprender. Sólo ponte en su lugar, sin pensar si tiene o no razón, si sus argumentos son más o menos válidos, sólo percibe su enfado y sentirás como el control y la paz entran en ti, sin dejar lugar a la agresividad y al miedo.

- Siente sin juzgar: Juzgar si lo que sentimos está justificado, es correcto, es confesable, o reprimible, hace que estemos a la defensiva, nos sintamos constantemente atacados y favorece que los sentimientos de agresividad salgan a relucir. En lugar de eso, es positivo autoanalizarse con frases como "siento ira, está bien, no actuará", "siento miedo, está bien, no actuará". Utiliza respiraciones largas y pausadas, adopta una postura relajada, aunque no te apetezca, no tenses el cuello y los puños, porque no necesitas prepararte para pelear.

- Responde sin atacar: Recuerda que no debemos escuchar para responder, sino para entender. Tus palabras deben ser agua sobre el fuego, no gasolina. No permitas que tus sentimientos agresivos determinen tu tono de voz, tus gestos y mucho menos tus palabras, tú tienes el poder de terminar una discusión con algo positivo o, por lo menos, está en tu mano que finalice sin contaminarte de lo negativo.

Este es un ejercicio que resulta harto complicado realizar en tiempo real, es necesario valerse de las herramientas del recuerdo y la imaginación para recrearlo y practicar, pero, de hacerlo bien, no saldrás perdiendo ninguna pelea, tengas o no razón, tu mente mantendrá la serenidad y tú el control.

Otro ejercicio que se puede practicar, este con mucha más asiduidad, es el de la ubicación. Es muy sencillo, a la par que práctico y útil, consiste en preguntarse: "dónde está mi cuerpo", esto es, en qué lugar estoy físicamente; "dónde está mi mente", esto es, en qué estoy pensando; "dónde está mi corazón", esto es, qué estoy sintiendo. Lo ideal, es hacer que las tres cosas coincidan, te darás cuenta de lo poco frecuente que es al principio, pero ganarás mucho poder mental al hacerlo con frecuencia. Se puede realizar en cualquier situación y circunstancia, sobre todo cuando te aburres, en la cola de la panadería, mientras conduces, caminando por la calle…

Para concluir este apartado, te daré una herramienta práctica más. No es muy cierto como tal, pero de verdad es de lo más práctico y útil que te puedo transmitir. Se trata de diferenciar "mis diferentes yos". Si te das cuenta, muy difícilmente un único sentimiento o pensamiento, impera en nuestra mente. Lo normal es que sean diferentes, y que se mezclen lo que pensamos, con lo que queremos, con lo que confesamos... El funcionamiento está en diferenciar activamente estos varios personajes internos y poder explicarlos: "mi yo egoísta quiere comprarlo", "mi yo caprichoso se siente ansioso por no tenerlo", " mi yo racional sabe que no lo necesito"...

Es un buen ejercicio, casi un juego, pero cuando te vuelves "profesional" en ello, puede ayudarte a superar o sobrellevar, un duelo,

Ser capaz de diferenciar los diferentes yos que interactúan tratando de dominar en un momento y situación. Cuanto más carga o poder emocional tiene, más autoridad gana. También el peso de la experiencia en otras situaciones similares

Segundo pilar: la aceptación

"Yo soy Yo, Tú eres Tú
Yo no estoy en este mundo para cumplir tus
expectativas
Tú no estás en este mundo para cumplir las mías.
Tú eres Tú, Yo soy Yo"
Fritz Perls

La negación, el sobre análisis y los prejuicios son esquirlas en los ojos que impiden ver la realidad como en verdad es, de forma neutra.

Quién eres. Ahí entran muchas virtudes, sí, y muchos defectos, pero en este momento no lo vas a ver ni como una cosa, ni como otra, nada de buscar el lado positivo ni de ver la otra cara de la moneda. Se trata de aceptar la realidad lo más parecido a la verdad que podamos percibirla.

Es necesario aceptar las situaciones como son. Esto puede resultar especialmente difícil al enfrentar o afrontar cambios difíciles de asimilar, como una separación o una pérdida, pero pese a ello, es especialmente útil en casos como estos.

Aceptar no es conformarse, nada más lejos de la realidad, aceptar es el mejor paso previo para luchar por un cambio.

Aceptar la totalidad del ser de la otra persona. Aceptar cómo piensa, cómo siente, cómo reacciona... Aceptando a las personas cómo son en este momento, lugar y circunstancias, es como nuestro amor por ellas, por su bienestar, puede ser más puro y efectivo.

Por supuesto que las personas cambiamos, es decir, maduramos, nos adaptamos, evolucionamos. Pero esto no es un cambio externo impuesto, como suele ocurrir cuando somos niños y nos corrigen, sino es fruto se la convicción y la voluntad.

La vergüenza, el orgullo, el ego, la testarudez, la ira, el miedo, son obstáculos, grandes enemigos de la aceptación, impiden que veamos la realidad desde la aceptación y hacen que emitamos juicios, deseos, excusas, que caigamos en el error de dar nuestro punto de vista o, peor aún, que creamos nuestro punto de vista enfocando la verdad desde nuestra percepción edulcorada.

La aceptación crea un sentimiento real de libertad en nosotros, porque escapamos de la mentira más grande, de la carga más pesada, de la engañosa ilusión de que necesitamos o estamos obligados a tener el control de lo que nos rodea, de lo que sucede, sucedió o podría suceder.

Hay que aprender a soltar, a desprenderse, y la cosa que más nos cuesta dejar es justo aquella que resulta imposible de conseguir, el control.

El punto de vista conformista, implica ver la realidad, con mayor o menor fidelidad, y rendirse ante ella, creer que así está bien o lo mejor que podría, que ya no hay nada por ganar o que todo está perdido. Muchas veces el conformismo no viene de la falta de ambición, a veces se trata de gente que se cansó de luchar y ya carece de fuerza.

La aceptación, por su parte, conlleva confiar en que vivimos en un mundo en constante cambio, en el cual nada se queda quieto, y que las personas viven envueltas en su propio enfoque de la realidad, inmersas en su propio punto o momento de evolución personal.

En ocasiones, la aceptación es un respiro cuando ya no nos queda fuerza, un necesario descanso. Otras veces, es un análisis para definir nuestro enfoque o estrategia para abordar la vida. Puede ser un punto y seguido o un punto y aparte, pero desde luego, no es un acto pasivo, requiere observar activamente y silenciar los ya citados enemigos para creer que las cosas son como tienen que ser en este momento, en este lugar, para ti, y eso no implica que no vayan a cambiar y que tú no seas protagonista de ese cambio.

Un ejercicio práctico, que ayuda a soltar la falacia del control, consiste en cerrar los ojos, relajarse, vaciar la mente y visualizar la vida de una persona hace cien años, mucho antes de que tú nacieras. Piensa en cómo podría ser su vida y lo que tú puedes influir en ella. Sus logros, sus sueños, sus metas... se trata de una persona, hombre o mujer, tan válida como tú, tan importante como tú y, sin embargo, ya está muerta. No hay nada que puedas hacer para mejorar o perjudicar su vida.

Otra variante que puedes poner en práctica, con el mismo fin, es que esta persona viva dentro de cien años, cuando toda tu vida y tus efectos hayan pasado y de ti sólo quede un vago recuerdo, un eco en tu descendencia. Entonces despertarás a que no hay nada que se pueda controlar, que se trata de atrapar humo.

Contemplar las estrellas, intentar comprender su tamaño, su poder, la distancia que nos separa, también puede ayudar a aceptar el mundo en el que vivimos. Pensar en los millones de personas únicas que habitamos el planeta, las que vivieron, las que vivimos y las que vivirán. Seres increíbles con vidas para llenar millones de libros. Eso nos ayuda a aceptar la realidad tal y como es.

Tercer pilar: el presente

"Vivir el presente es todo un desafío, sin embargo,
es el único momento en el cual podemos vivir"
Cris Sosa

Desde cierto punto de vista, podemos afirmar que ni el pasado ni el futuro existen, que todo es el hoy, que sólo existe el ahora, el presente. Que el tiempo es una secuencia de presentes concatenados.

Qué fragmentación de tiempo podemos definir como el presente ¿el día de hoy?, ¿la hora del almuerzo?, ¿un segundo de atención, o lo que dura un latido del corazón?

Siendo prácticos, podemos considerar como presente o ahora, el momento en el cual podemos actuar o lo que dura dicha actuación.

Mi presente puede ser lo que dura un beso, lo que tardo en hacer una caminata o la realidad que estoy viviendo hoy en día.

Por supuesto, el presente forma parte de uno de los cuatro pilares del mindfulness porque es donde se deben centrar nuestra conciencia, nuestra aceptación y nuestra compasión.

El poder del ahora consiste en la fuerza que ganamos, similar a la de la voluntad, cuando nos centramos en el presente. La mente toma mejores decisiones, asimilamos mejor lo que sentimos y evitamos sintomatizarlo, entendemos mejor lo que, y a quien, nos rodea, además de comprendernos mejor a nosotros mismos

Existe una gran tendencia a vivir en tres lugares que bloquean el permanecer en el presente:

El pasado: el pasado marca, en gran manera, nuestra forma de percibir el presente, nuestra manera de pensar y el cómo actuamos. Sin embargo, debemos ser libres de los efectos de las heridas con las que todos cargamos. Cada uno de nosotros carga con una mochila, más o menos llena, con las vivencias positivas y negativas que hemos experimentado a lo largo de nuestras vidas. Es inevitable que esto condicione quién somos, pero la última palabra sobre mis pensamientos y sentimientos la tienes tú. No se trata de olvidar el pasado, se trata de poder recordarlo sin pesar y dolor.

El futuro: "sufre más de lo necesario, el que sufre antes de lo necesario" Séneca. Cuando consiga esto o aquello, seré feliz. Cuando termine esto, todo estará mejor. Este fin de semana iré a la playa. Esta catástrofe sucederá pronto... Así podría seguir una larga lista de sucesos, cosas que tal vez nunca pasen, o tal vez sí, pero no están pasando ahora mismo y eso es lo que cuenta. Hay que tener presente el futuro, porque decidimos y actuamos pensando en él, pero es muy diferente tener en cuenta el futuro, que evadirse en él y descuidar el presente, lo que estoy viviendo hoy, ahora. El futuro ¿lo proyectas o lo sueñas? Con mis buenos hábitos del presente, con mis buenas decisiones en el ahora, estoy proyectando un buen futuro. Imaginando y soñando cómo quiero que sean las cosas o cómo serán cuando gane la lotería, pierdo el poder del ahora. Si no pensáramos en el futuro, viviríamos sin motivación, como si no existieran las consecuencias, la clave está en tener en cuenta el futuro sin vivir en él.

El presente alternativo: este es fruto de la imaginación, consiste en soñar despierto, no disfrutar de la comida por imaginar que comes otra cosa, o quejarte porque preferirías hacerlo, no disfrutar de la carretera porque imaginas que estás haciendo otra cosa. El presente alternativo, no sólo nos priva de percibir la realidad y sacar todo el provecho de ella, sino que, por si esto fuera poco, nos crea una falsa imagen de nosotros mismos y nuestras alternativas reales. La herramienta de la imaginación, es muy útil y práctica, pero es como la calculadora, ¿por qué no nos dejan usarla en primaria? porque necesitamos ejercitar la capacidad de cálculo sin depender de objetos. Se trata de eso, de un recurso, de una herramienta, algo a lo que tú puedes recurrir cuando así lo requieras, pero no puedes depender de ella para escabullirte de la realidad, ni debes dejar que tome el control de tu percepción y no te deje disfrutar de lo que sí tienes, de aquello con lo que sí cuentas, lo que está en tu mano.

Cuando meditas, te metes de lleno en el presente, con todo lo que ello implica. Te centras en tu respiración actual, en el aire que entra y sale de ti, cómo está fuera, formando parte de la atmósfera, y luego forma parte de tus pulmones, oxigenando la sangre que recorrerá todo tu cuerpo. Entonces te aunas con el exterior, y con el momento actual. Tal vez te queden ochenta años de vida, y durante todas esas horas tendrás que respirar, de forma continuada y constante. Tu corazón tendrá miles de millones de latidos a lo largo de tu vida, y todos ellos siempre han sido en el presente, no pudo latir ayer por hoy ni podría hacerlo hoy por mañana. Todo esto sucede en el presente, toda tu vida se desarrolla en el presente y, aunque la mente tiene el poder de viajar en el tiempo, no podemos dejar de vague sin control.

Cuarto pilar: la compasión

"Entonces se le acercó Pedro y le dijo: —Señor, ¿cuántas veces perdonaré a mi hermano que peque contra mí? ¿Hasta siete? Jesús le dijo: —No te digo hasta siete, sino aun hasta setenta veces siete"
MATEO 18:21-22

La compasión es un sentimiento, sí, pero también es un enfoque. Se trata del pilar más noble del mindfulness. Para poder explicarla, podemos definirla como la acción o ejecución del amor en nuestra mente y corazón. Implica desarrollar una actitud amable, empática y bondadosa para con los demás y para con uno mismo.

Esto no se limita a un sentimiento, sino que debe verse reflejado en nuestras acciones y en nuestro trato, insisto, tanto con los demás como con uno mismo.

Un recurso, íntimamente ligado con este aspecto, es el perdón. Muchos son los autores que han hablado de este tema. El perdón se encuentra en la frontera entre la decisión y la emoción, siendo a su vez una mezcla de ambos. La primera persona que tiene que perdonarse, eres tú mismo, la primera persona que tiene que perdonar a los demás, eres tú.

La compasión se ejercita, cuanto más se usa, más forma parte de nuestro sistema de pensar y de nuestra forma de ver el mundo. Puede ser complejo usar la compasión sobre causas mayores, cuando no estamos acostumbrados a usarlos de forma cotidiana. Para algunos es complicado perdonarse a sí mismos, sobre todo cuando aún arrastra consecuencias de esos errores. Para otros, en cambio, la complejidad radica en perdonar a otros, esto es especialmente complicado cuando han atentado contra su felicidad.

Dentro de los beneficios de la compasión, encontramos cómo es capaz de conectarnos con nuestra más pura y profunda humanidad. La autoaceptación que implica, trae consigo la posibilidad de soltar cargas pesadas de nuestro pasado y comenzar a sanar heridas muy profundas. Además, al practicar esta forma de amor ayudamos a desarrollar la vida de los demás.

La compasión implica, y se muestra, en forma de sacrificio, generosidad, amor propio, negación del ego, altruismo y tolerancia. Todo el mundo aprecia a una persona genuinamente compasiva, no sólo quieren tenerlo en su vida, sino que se contagian de esta forma de pensar y ver la vida.

Sin embargo, la compasión no implica olvidar o hacer como que las cosas no han pasado, al contrario, una mente mindfulness tiene presente lo que ha sucedido, si alguien que bebe alcohol, golpea a su pareja, esto se tiene presente, tanto a la hora de las medidas como a la de las consecuencias, si alguien ha robado, no se da a administrar las finanzas, pero no se guarda odio hacia ellos, sino que se entiende que ambos casos, y muchos otros, deben pasar por un proceso restaurador.

Es necesario entender que todos, cada uno en su medida, necesitamos vivir, pasar, por procesos restauradores hechos a medida para nosotros. Es muy difícil, yo no lo he logrado, encontrar a una persona tan reconciliada con su pasado y su presente que no necesite ser restaurado de una u otra forma. Muchas veces tratamos de vivir "parcheados" como que todo va bien, y por supuesto que hay que seguir adelante y vivir lo mejor que se pueda, pero entendiendo esto puedes vivir mejor, que la vida nos enseña y moldea mediante procesos, que ahora estás en uno y que depende de ti, y sólo de ti, aprovecharlo al máximo.

El odio, la ira, el rencor, los celos, sólo acarrean amargura, en verdad no los necesitas para vivir, contaminan la mente, el corazón y el alma. Una mente mindfulness, a la cual todos tenemos acceso, sin tener ningún súper poder, puede llenarse de compasión y estar vacunada contra ellos.

Entrando en la parte práctica, intenta esto, quedarte a solas con tus pensamientos y sentimientos, verlos fluir dentro de ti y responde a las preguntas:

- ¿Te amas?
- ¿Qué sientes hacia ti mismo?
- ¿Existe algo dentro de ti que te esté dañando, o cargando y puedas aliviar con el perdón?
- ¿Quién es la persona que más amas? ¿qué ha hecho para ser así de amada?
- ¿Quién es la persona que peores sentimientos te despierta? ¿podrías perdonarla? ¿puedes vivir sin perdonarla?

- ¿Cómo vivirías sin la carga del odio y del rencor?

Ahora, si quieres aumentar la fuerza de tu compasión, acepta los errores ajenos revisando tu propia vida, sabiendo que todos somos influenciados por las circunstancias que vivimos y que tal vez, bajo las mismas circunstancias, o con la misma información, hubiéramos obrado igual, o tal vez peor.

Perdona a los demás porque tú necesitas perdonarlos, más aún que ellos tu perdón. Perdónate a ti mismo porque has de convivir toda la vida contigo, y aún puedes hacerlo mejor. Tal vez no puedas corregir ciertos errores, pero puedes aprender de ellos, ayudar a que otros no los cometan, o comprender a los que lo hayan hecho.

La compasión forma parte de ti, y es más natural que cualquier otro sentimiento que hayas desarrollado para defenderte o para atacar. El rencor que guardas, sólo te hiere a ti.

La mente sabia

"No creas todo lo que piensas, los pensamientos son
solo eso; pensamientos"
– Allan Lokos

¿Emocional o racional?

Tanto las emociones, como el raciocinio son operados desde el mismo órgano, el cerebro, y no podemos decir que tengamos dos cerebros. Sin embargo, a efectos de estudio, podemos abordar este tema hablando de dos mentes diferentes, la emocional y la racional.

Cuando hablamos de la mente emocional, hacemos alusión a cómo gestionamos y damos forma y salida a nuestros impulsos emocionales. Algunos autores, profieren que esta mente se limita a dar forma a los sentimientos y hacerlos notar a la conciencia. Otros la manejan como una mente propiamente dicha, con ideas, deseos, decisiones... En este caso, nos vamos a inclinar más por la segunda opción.

La mente emocional toma decisiones, y esto se puede hacer notable en la astronómica cifra que se gastan las empresas en agencias publicitarias que jueguen con estos factores a su favor. Tu mente emocional, que también eres tú, es altamente necesaria, quiere actuar y tener protagonismo. Lo complicado de esta, es que no se puede razonar con ella, no atiende a argumentos más allá de lo que puede sentir, para ella esto es todo lo real. Puedes pasar por un escaparate y ella se encapricha de algo, no sé, digamos de un peluche. El peluche no te aportará ningún beneficio, no hay ninguna necesidad específica que vaya a suplir, no es algo práctico, tan sólo un gasto de dinero, pero ahí está la mente emocional diciendo "lo quiero" y, de pronto, parece que se ha convertido en una necesidad. Sabes que si lo compras te sentirás mejor en ese aspecto y si no lo haces, probablemente te sientas mal. Esto no es por lógica, se trata de el tan usado "chantaje" que nos hace la mente emocional con la dopamina.

La mente emocional tiene un gran peso en la selección de nuestras amistades y parejas. Podemos razonar mucho sobre si una relación nos conviene o no, sobre qué nos aporta y de qué nos priva, sin embargo, es lo que sentimos y lo que nos hace sentir lo que determinará si continuamos relacionándonos con esa persona o no. Claro que hay límites que la mente racional no permitirá sobrepasar, por ejemplo, si hay malos tratos o comportamientos destructivos, los sentimientos pasarán a un segundo plano y se actuará a conciencia. Pero claro, esto la mente emocional no lo entenderá, aunque con el tiempo, sintiéndose mejor, lo aceptará y agradecerá.

La mente emocional tiene muchas preferencias y pocos por qué. Tiene colores predilectos, canciones que más le gustan, momentos favoritos, sabores que despiertan su interés. Sin embargo esto no tiene, ni necesita, una explicación. ¿Por qué el siete te gusta más? sencillamente me gusta.

La mente emocional maneja también eso que llamamos intuición. Se trata de información que, aparentemente, carece de fuente. Tenemos una certeza, una convicción, pero esta es injustificada dado que no la podemos argumentar. En algunos casos, la intuición puede venir del subconsciente, que nos da un resultado final sin facilitarnos el proceso, pero mantendremos esto en la mente emocional.

Para tener una correcta gestión de las emociones, y la salud de esta, es importante tener una buena comunicación con ella, "escuchar" qué es eso que sentimos, concedernos algún capricho, pero sin detrimento de la disciplina necesaria que todos debemos tener.

La mente emocional no sólo tiene una percepción (un tanto suya) de la realidad, sino que constantemente saca conclusiones y las comunica. "Esto es bonito y me atrae", "esto me da miedo y lo rechazo", "no soporto, quiero irme". Como no razona, trata de ser muy impositiva, es como tener un niño de cinco años haciendo perretas y berrinches a cada momento. Pero igual que al niño, a ella se le puede poner límites razonables y tratar con mediana rigidez, aunque también debe ser comprendida y escuchada porque alberga mucho conocimiento, especialmente en el área de disfrutar la vida y ser feliz.

Por su parte, hablar de la mente racional, encaja más en el concepto "mente" que podamos manejar cotidianamente. Contrariamente a la mente emocional, que vive el presente por naturaleza, trata de vivir constantemente en el pasado y el futuro, recordando, analizando, imaginando. Las personas racionales tienden a ser más analíticas, basarse en la razón y la evidencia, en argumentos lógicos y pensamiento crítico.

La mente racional, se contrapone constantemente a la mente emocional. Esta sí maneja mucho por qué, y muchos argumentos, recurrimos a ella cuando queremos resolver un problema, pero también cuando queremos recordar una dirección o escribir una historia.

Sin embargo, esta mente también necesita ser controlada o, cuanto menos, supervisada. No siempre el raciocinio se limita a analizar el presente, lo importante o, como ya hemos visto, dar el significado apropiado a cada experiencia. La depresión afecta a más de doscientos sesenta y cuatro millones de personas en todo el mundo y esta se desarrolla en una mente sobrecargada de recuerdos, ansiedades y anhelos.

Tú verás resultados en tu mente emocional trabajando rigurosamente en tu mente racional. Aprovechamos que esta sí atiende argumentos y forjamos nuevas formas de pensar. No hace falta ser un experto en programación neurolingüística para trabajar con nuestra mente, ayudarla a centrarse en el presente y ser fértil para el lado positivo de las cosas.

Hablemos ahora, basándonos en los dos conceptos anteriores, de la mente sabia. Esta es una conjunción útil, práctica y eficiente de las dos anteriores. Por supuesto, en ella es donde se mueve una persona mindful. Desde ella tenemos acceso a las dos mentes y establecemos un equilibrio entre ambas, a la par que ponemos límites a la emocional y adiestramos a la racional, trabajando en el desarrollo y dominio de ambas.

Supongamos el tan común caso de un enamoramiento. Por lo general, quien primero actúa es la mente emocional, aunque esto puede variar, comienza a sentir atracción, ya sea esta física o de cualquier otra. La mente emocional transmite alegría en lo referente a esa persona, verla, escucharla, pensar en ella. Comienza a enviar refuerzos positivos químicos como cuando un perrito mueve la cola al estar alegre. Cuando ya nos percatamos de este percal, es turno de la mente racional: ¿me conviene?, ¿es el momento apropiado?, ¿exactamente qué me gusta y por qué?.

Entonces, dependiendo de la situación, comienza ese caos "sentimientos vs pensamientos" en el cual los sentimientos tratan de justificar todo y alterar la percepción para pensar que todo puede ser y cosas similares.

Que esto sea un desastre amoroso o no, depende en gran parte, de que usemos la mente sabia en esta cuestión. Con ella es que analizamos lo emocional, reconocemos sus verdades, disfrutamos de sus virtudes y le ponemos límites responsables. También controlamos la mente racional, analizamos el proceso del pensamiento, cribamos qué es cierto y qué no, y la mantenemos a salvo de sus propios pensamientos.

Siguiendo con este ejemplo, como se podría usar muchos otros, se trata de sacar partido a un caótico campo de batalla. Por un lado, la atracción que siente la parte emocional, crea un encaprichamiento, el cual hace resaltar todo lo positivo y oculta o minimiza aquello que no es tan bueno. Por otro lado, la parte racional, crea expectativas que imagina que se cumplen, necesidades que se satisfacen y proyecta todas las experiencias de relaciones pasadas en esta.

Se trata de un "río revuelto" del cual es difícil sacar algo en claro. Sobretodo por el incesante bombardeo de estímulos. Pero este es un ejemplo extrapolable, no un caso aislado. Algo similar puede ocurrir cuando comenzamos una amistad, un trabajo nuevo o un proyecto. Ambas mentes siempre tienen algo que decir, un montón de proyecciones que hacer, expectativas que creen confiadamente que se van a cumplir.

Tú, desde la mente sabia, has de analizarlo todo desde una perspectiva lógica sin despreciar lo emocional. Debes observar qué está sucediendo en tu interior y ser consciente de los motivos por lo cuales eso es así. Entonces podrás comprender y moldear el miedo que sientes ante lo nuevo y desconocido o la euforia que te causa alcanzar tus metas.

La mente sabia es el lugar de serenidad desde el cual podemos manejar el conjunto de nuestro "yo mental", observar todo lo que sucede en nuestro interior y tomar las riendas para manejarlo desde la comprensión, compasión y sabiduría.

Como ejercicio práctico, seguro que te es de gran utilidad pensar, recordar, rememorar, algunos eventos en los cuales hayas actuado de forma emocional: un ataque de ira, o de celos, una decisión basada en la euforia o el anhelo... piensa en cómo te sentías y cuál fue el resultado. Ahora plantéate cómo pudiste haber salido ganando usando la mente sabia.

Hábitos de la gente mindfulness

"Quien conquista a otros es fuerte; mas quien se conquista a sí mismo es poderoso."
Lao Tse

En cierta ocasión alguien quiso convertirse en sabio. Entonces, como buena decisión, optó por convivir con uno, para aprender de él. Con el pasar de los días, vio que su vida no era muy diferente, así que le preguntó:

-Maestro ¿qué hace que usted sea sabio?

-Bueno - respondió él - yo duermo, me levanto, hago las tareas del hogar, como, medito...

- Pero maestro, yo hago todo eso y no es suficiente.

- Entonces lo que tienes que hacer es dormir, hacer las tareas del hogar, comer, meditar...

En otra ocasión, llegó un nuevo monje a un monasterio, como era costumbre, había una gran expectación sobre el papel que desempeñaría. Tal vez se trataba de un gran maestro, quizás fuera muy bueno en la disciplina física. Para conocerlo mejor y poder ubicarlo, decidieron someterlo a diferentes pruebas de aptitudes e inteligencia. Sorprendentemente, sacó las peores notas que se habían sacado jamás. Nunca se había visto alguien tan negado en todas las áreas como aquel monje. De manera que se le encargó la tarea más sencilla que se les ocurrió, barrer las hojas del patio.

Cada día, hiciera sol o lloviera, el monje salía con la escoba y con dedicación y empeño, limpiaba de hojas el patio.

Cierto día, mientras el abad del templo paseaba, notó algo diferente en el ambiente, una sensación sorprendente y grata. Entonces se acercó al monje y le preguntó:

-Todos aquí se esmeran con diferentes técnicas para alcanzar la iluminación y tú, que sólo barres el patio, la has alcanzado ¿cómo?

- No estoy seguro, yo sólo he barrido el patio barriéndolo.

Por supuesto, el objetivo del mindfulness no es alcanzar la iluminación budista, pero hay algo de estas dos ilustraciones que sí podemos aprender.

Lo primero, una mente mindfulness "hace haciendo". Igual que el sabio o el monje, cuando el cuerpo está barriendo el patio, la mente minful está barriendo el patio. Sin sentidos, su conciencia, sus ideas, todo está barriendo el patio, pero no sólo en esto, sino en cada cosa que hacemos, poniendo en ello toda la mente y el corazón.

Una de las normas que hemos puesto en casa es "se come comiendo". Esto implica que cuando estamos comiendo, nuestro ser se limita a disfrutar de los alimentos, percibiendo los sabores y disfrutando los nutrientes. También se puede disfrutar de la compañía con una conversación ligera, nada controversial ni problemática. La mente no debe estar en lo que haré después, ni en contestar llamadas o mensajes. La comida no sólo es importante en muchos sentidos, sino que también es una gran oportunidad de meditar activamente y vivir el momento.

Esto es aplicable a todas las tareas el resto del día: pasear paseando, ducharse duchando, vestirse vistiendo... Lo propio de una mente mindless es justo lo contrario, el multitasking, la multitarea, hacer una cosa pensando en otra, o dos a la vez. Al terminar el día siente que no ha hecho nada, que nada ha sido bueno, estrés, ansiedad. Una mente mindful saca partido a cada situación, la vive al máximo y, por ello, siente que aprovecha mejor el día, al finalizarlo, siente paz, alegría, energía, buen humor.

Una persona minful, como ya hemos visto, tiene objetivos y metas y un plan para conseguirlos. Sabe que las cosas no se logran de la nada, ni por regalo del universo, sino que todo lo que se consigue es fruto de lo que se trabaja. Entonces cada día trabaja para estar más cerca de ello.

Teniendo en cuenta que puede llegar a importar el cómo o el para qué hacemos algo, incluso más que aquello que hacemos, vamos a resumir los hábitos de la mente mindfulness en uno solo, cuidar la salud. Pero ahora desmenucemos este resumen, para ellos diferenciemos los tipos de salud que existen:

- Salud física: es en la cual todos pensamos al hablar de salud. Se trata de que nuestro cuerpo funcione de manera correcta. Una mente mindless, desea tener un buen cuerpo, se queja de que otros comen sin encordar, encuentra excusas para no hacer ejercicio mientras mantiene hábitos insanos de vida. Una mente mindful, por el contrario, cuida de su cuerpo de forma activa, no se obsesiona por nada, pero tiene buenos hábitos de ejercicio y alimentación. El resultado es un cuerpo que aporta vitalidad y energía, que no es una carga con un cúmulo de dolencias sino el fruto de la disciplina y el autocuidado. Advierto, que esto no quiere decir que una persona enferma no pueda ser mindful, que todas las enfermedades sean por no cuidarnos o que nunca vayamos a enfermarnos. Pero con una mente mindful, hasta la enfermedad se afronta diferente.

- Salud mental: se trata de saber y poder gestionar nuestros pensamientos y sentimientos para el disfrute de una vida plena. Es el principal área de actuación del mindfulness, desde aquí trabajamos. ¿Recuerdas la cifra del padecimiento de depresión? Doscientos sesenta y cuatro millones de personas. ¿Y qué pasa con los no diagnosticados? No son pocas las personas que viven sin un sentido, víctimas de pensamientos destructivos, de sentimientos desbordados y con un ecosistema interno precario. El resultado es mucha ira, mucho mal humor, avaricia, envidia y se refleja en un mundo egoísta sumido en el caos. Para que la sociedad esté bien, la mayoría de ciudadanos debe estarlo y para ello, la salud mental es la clave. Con determinación y trabajo, el mindfulness aporta serenidad, gratitud y paz. Ayuda a que diseñemos y vivamos nuestro propio y mejor ecosistema interno y resulta como un salvavidas en medio de la caótica marea emocional que nos puede desbordar en ocasiones.

- Salud social: con mucha frecuencia esta salud es la más desatendida, pero es sumamente importante. Atenderla implica dos vías de actuación. Por un lado hay que reconocer su necesidad. Muchas de las personas que padecen depresión, con las cuales hablo, coinciden en un mismo punto, el sentimiento de soledad. Las personas somos sociables por naturaleza, necesitamos establecer buenas relaciones para sentirnos realizados, esto va más allá de alguien con quien hablar. Una buena relación, ya sea profesional, de amistad, amorosa o familiar, nos puede aportar salud emocional, conocimiento, apoyo de diferentes índoles y además nos permite desarrollar nuestras virtudes sociales como el amor, la compasión y la empatía. Por otro lado, es necesario trabajar en ellas y esto comienza por una buena selección. No todas nuestras relaciones las podemos elegir, como es el caso de los compañeros de clase o del trabajo, tampoco podemos elegir a parte de nuestra familia. Lo que sí podemos elegir es el tipo de relación que queremos tener y eso se puede trabajar desde uno mismo. La mayoría de las relaciones comienzan por diferentes razones pero evolucionan por afinidad y tiempo. Por ello, está en nuestra mano, cada cierto tiempo, revisar la calidad de nuestras relaciones. Podemos coger papel y comenzar a apuntar todas las relaciones que tenemos, una por una, mayores y menores. Entonces podemos escribir en ellas lo que nos aporta y lo que nos cuesta. Entonces podemos tener en claro si es una relación que queremos fomentar y mejorar o reducir y extinguir. Las relaciones son algo demasiado importantes como para dejarlas a la inercia, invertir tiempo en mejorarlas y pulirlas puede ser la diferencia entre un entorno agotador y cargante y uno que te ayude a evolucionar como ser humano.

- Salud económica: los reveses de la vida, en el área económica, no están de nuestra mano, pero lo que sí lo está es estar preparados. Una salud económica no implica necesariamente tener grandes ingresos, ni esto debe convertirse en una obsesión enfermiza. Para mantener una buena salud económica, basta con mantener un buen balance entre gastos e ingresos. Sobra decir que, para ello, es necesario tener una fuente económica que nos sustente, una frase común dice: "trabaja en lo que te guste y nunca tendrás que trabajar". Esto implica que puedes desarrollarte en la tarea o labor que más te atraiga, aunque por un tiempo tengas que desempeñar trabajos de los que disfrutes menos, no pierdas el enfoque de convertir tu pasión en tu profesión. Trabajamos unas mil ochocientas horas al año, imagina la diferencia en tu vida el pasar estas horas desarrollándote en una labor que te gusta o hacerlo sintiéndote un mercenario trabajando por dinero. La otra parte es adecuar los gastos, mantener una mente sana nos protege de vanas ambiciones y anhelos. Es muy frecuente que la ansiedad provoque compras compulsivas, nos embarga una sensación de insatisfacción y vacío que nos empuja a consumir, los productos parecen mucho más atractivos y asequibles cuando entramos en este estado. No queremos sacar cuentas o estas nos parecen favorables sin analizarlo detenidamente. Esto termina creando adicción a las compras y, como cualquier adicción, sucumbir a ella, lejos de ayudar, empeora la situación. Disfrutar una buena salud económica nos permite disfrutar de placeres como viajar, pero esto no es posible si no limitamos nuestros gastos en otras áreas. Lo estimado por los expertos, es que un veinte por ciento de nuestros ingresos vayan destinados al ahorro, esto es, además de por esas vacaciones, tenemos un seguro por si se avería la lavadora o surge algún otro imprevisto.

En este apartado, segmentamos estos tipos de salud para analizarlos y hablar de ellos, desde el punto de vista del mindfulness, siempre hablamos del humano como un ser holístico, es decir, como un todo. Esto significa que todo lo que sucede en una persona, afecta a toda su totalidad. Sin embargo, hago incidencia en que desde donde nosotros podemos actuar y decidir, es desde la mente sabia, desde ella, en serenidad, es desde donde podemos tomar las decisiones apropiadas y fortalecernos para actuar.

Las cuatro caras del desarrollo humano

Recuerda que no puedes fallar en ser tú mismo. (Wayne Dyer)

Sin ánimo de perder la línea del enfoque holístico del ser humano, vamos a hacer una nueva división para hablar de cuatro caras que están involucradas en el desarrollo de las personas. Dependiendo del momento, o la época, podemos mostrar mayor influencia de una u otra, pero todos presentamos las cuatro.

Por supuesto todas están intrínsecamente ligadas entre sí y no es algo matemático diferenciar cuándo estamos respondiendo a cada una. Pero esta guía es de gran ayuda para arrojar luz sobre muchos de nuestros sentimientos de frustración o cómo acercarnos más a la felicidad que aporta el auto desarrollo, evitando las trampas emocionales que nos llevan a ser posesivos, buscar atajos infructuosos o ser víctima de deseos contraproducentes.

El desarrollo humano abarca varias áreas, física, social, mental, espiritual... Sin embargo he decidido abordarlo en estas cuatro facetas, o caras, dependiendo del tipo de necesidad y satisfacción de la misma que pueda surgir. El desarrollo es una necesidad principal de todo ser vivo, no es de extrañar que nuestro cuerpo y mente, nos manden señales de sus diferentes demandas al respecto. Sin embargo, conocer esto y ser conscientes de ello en nuestro diario vivir, nos ayudará a un crecimiento mayor y más puro.

La reina / el rey (tener y dar)

En determinados momentos, todos tenemos dentro un regente que quiere gobernar. Se trata de nuestro yo más posesivo y autoritario, pero hay que ser conscientes de que está ahí.

Queremos que nuestra pareja, amistades, familias, todo lo que "gobernamos" sea "nuestro" y nos aporte su valor. Esto no implica que una persona pueda ser autoritaria y posesiva con otras, pero sí que, en nuestro desarrollo, pretendamos que así sea.

El monarca también debe darse por los demás, y es aquí donde radica el desarrollo, en ser amigo de sus amigos, rey de su reina, padre de sus hijos. Esta faceta se desarrolla estando al servicio de los demás y por ello puede ser la más bonita y sacrificada. Todo depende del rey que queramos ser. Por un lado, podemos ser autoritarios y posesivos o por el contrario podemos elegir satisfacer estas necesidades de desarrollo siendo altruistas, solidarios y generosos.

Se trata de un desarrollo interno que puede ser muy importante y profundo. El darse por los demás es la forma de ejercer el amor más pura y sana. Honrar una amistad, o cualquier otro lazo afectivo, con determinado sacrificio nos desarrolla más de lo que nos perjudica. Tal vez podamos sentir que perdemos aquello que es necesario invertir, tiempo, paz, dinero, pero lo que ganamos es un desarrollo personal y un crecimiento que no se puede comprar ni conseguir de ninguna otra manera.

Una de las ventajas de esta cara, es que nos puede llevar a disfrutar de aquello sobre lo que "reinamos". Por su parte, la desventaja está en dejarnos llevar por nuestro yo más posesivo, que con tanta facilidad se llena de celos y envidias. Estos sentimientos, lejos de ayudarnos a progresar, nos estancan en un cenagal de autocompadecencia e ira que nos alejan de mejorar en ninguna área.

Para satisfacer esta área necesitas vencer tu ego, aceptar tu parte más sacrificada y, para ello, es necesario ser selectivo. Recuerda que un rey siempre tiene que elegir qué batallas conviene luchar y cuáles no. Si no puedes entregarte en una relación de manera que merezca la pena hacer el sacrificios, sopesa si quieres o necesitas ese lazo en tu vida. Disfruta de tus amigos, familia, trabajo, de todo lo que es "tuyo", pudiendo hacer sacrificios y observa cómo se da reciprocidad en cada una de esas áreas.

El guerrero/a (lograr)

Esta parte nuestra sí quiere conquistar, lograr, conseguir. Nuestro desarrollo en esta área se centra en metas conseguidas. El guerrero sale a relucir cuando queremos enamorar a otra persona, conseguir un trabajo en específico o superar a cualquiera en cualquier área.

El guerrero es un atleta que quiere mejorar cada día, pero también ser mejor que otros. Para satisfacer esta área debemos vivir con metas específicas que nos ayuden a avanzar. Pero igual de necesario es tener un plan de acción detallado y realista.

Esta faceta disfruta mucho de los nuevos retos, de las nuevas oportunidades, de sacar lo mejor de sí mismos, de tener una meta y correr hacia ella.

Las ideas, las convertimos en proyectos o se convierten en sueños. Esta faceta se ve frustrada cuando, lejos de planificar, postergamos las cosas con justificación real o sin ella o si queremos disfrutarlas antes de obtenerlas. Algunos de nuestros instintos primarios, como el de procrear, afectan a esta área. Nuestro código nos dice que debemos, necesitamos, reproducirnos y hacerlo con el mejor candidato posible y se activa el guerrero. Como en cualquier otra área, el guerrero quiere mejorar, alcanzar esa meta, entonces, mientras que el rey quiere "poseer" a esa persona, el guerrero quiere conseguirla y propone estrategias para ello, renovar físicamente, estrategias románticas, lo que sea que se pueda mejorar para alcanzar esa meta.

El guerrero puede ser visto como una parte más egocéntrica o egoísta que el rey, ya que no busca cómo entregarse por los demás, sino la auto mejora. Especificando un poco, si alguien comete un acto de sacrificio por un amigo, puede ser visto desde el punto de vista del rey, que se da por lo suyo o por el guerrero, que por conquistar esa amistad quiere mejorar como amigo.

Lo importante es saber que, dentro de nuestras necesidades de desarrollo, la conquista es la que puede ser la más visceral, cuyas emociones relacionadas son más fuertes y convincentes, por estar tan ligadas a instintos primarios.

La principal desventaja radica en la necesidad de trabajar en la aceptación, no el conformismo, sino en conquistar aceptado realmente lo que se tiene. No se trata de conformarse con el presente sino de aceptarlo. También hay que frenar el impulso de evaluarse observando a otros. Muchas veces el guerrero juzga a otros por sus logros y a sí mismo por sus fracasos.

El aprendiz (saber, poder)

Es una parte fundamental de nuestro desarrollo y no se limita al ámbito educativo. Abarca todo lo que implica mejorar, tanto en lo intelectual y cognitivo, como en diferentes habilidades. Todos tenemos un eterno aprendiz en nuestro interior que quiere saber más de lo que sabe. Aprender nuevas palabras, a cocinar, a tocar la guitarra o a conducir, son necesidades de desarrollo comprendidas en el aprendiz.

Lo relacionamos con el saber porque, la motivación principal se refleja en un crecimiento del conocimiento. El rey haría el sacrificio por darse a lo suyo, el guerrero por conseguir o conquistar la amistad, al aprendiz no le importa tanto la buena acción, no entra en sus necesidades, pero sí puede querer saber cómo hacerlo o para qué.

Intenta aprender algo sobre todo y todo sobre algo (Thomas Huxley). Este parece ser su lema. Siempre se puede mejorar, ser más eficiente, más efectivo. El aprendiz ve un maestro en cada situación, en cada persona. No se conforma con lo que sabe, es más, mirándose a sí mismo, se considera en la más profunda ignorancia, reconociendo todo lo que le queda por aprender.

Al aprendiz no le importan tanto los logros, ni lo que obtendrá, para él el conocimiento en sí mismo, es la suficiente recompensa. Todas las personas tenemos la faceta del aprendiz, todos tenemos sed de conocimiento, de desarrollar habilidades nuevas y perfeccionar las que poseemos. Sin embargo, muchas personas parecen no tenerla y esto es por vivir en la zona de confort, en lo que ya se conoce y no querer evolucionar. Otros, por su parte, se sienten limitados, incapaces de aprender, la excusa puede ser la falta de tiempo, de inteligencia o la edad. Pero nadie dice que para satisfacer al aprendiz haya que sacar un doctorado en física, basta con aprender y poner en práctica algo tan sencillo como tocar la armónica.

Un peligro del aprendiz es que su sed de conocimiento puede reflejarse en un sobre análisis de la situación, querer comprender rápidamente y, para ello, saca conclusiones, rellena huecos y se deja llevar por hipótesis que no tienen por qué ser ciertas.

Ábrele puertas a tu aprendiz, no dejes que ningún obstáculo te frene y verás aumentadas tus capacidades de aprender. Intenta con cosas prácticas que necesitas saber, prueba con otras que sólo despiertan tu interés. Verás que pronto se convierte en ti en una rutina y tanto tu cerebro como tu cuerpo, se convierten en esponjas para absorber lo nuevo.

El niño (vivir)

Esta parte es muy peculiar, porque engloba las otras tres. El niño quiere gobernar, quiere conquistar y quiere aprender. Pero sobre todas las cosas, el niño quiere vivir.

En cierta manera, todos albergamos un niño en el interior, y esto lo digo porque la gran mayoría de cosas útiles que aprendemos, las aprendimos siendo niños y como niños.

La exigencia del desarrollo del niño es sencilla, consiste en incrementar nuestra capacidad de vivir, de disfrutar, de jugar. Es natural pensar en el crecimiento personal enfocándonos en las otras tres áreas, pero sería algo totalmente incompleto no tener en cuenta la necesidad del aumento de la capacidad de vivir el presente, todo lo que nos ofrece y aporta el desarrollo de nuestra capacidad de disfrutar el ahora.

Tal vez, un enfoque apropiado, sería decir que las otras tres áreas dicen el qué y esta responde más al cómo. ¿Qué diferencias encuentras en tu forma de afrontar y disfrutar la vida entre cuando eras niño y ahora? Por supuesto que no somos niños, evolucionamos para adaptarnos a la vida adulta, a las diferentes situaciones y necesidades pero nuestro niño interno demanda esa mirada con los ojos de la ilusión, esa forma de afrontar la vida bebiéndonos el vaso de agua en lugar de ahogarnos en él.

Pero ese niño que está en nuestro interior es caprichoso, manifiesta su necesidad de desarrollo de forma exigente y paga con exceso de frustración el no satisfacerlas. Por supuesto que muchas de sus necesidades, jugar, disfrutar, sentir, están justificadas y son de obligatoria satisfacción, pero ese enfoque de vida también puede exigir evadir responsabilidades, ser impulsivo y excesivamente caprichoso.

La forma de manejar a nuestro niño interior no dista mucho de cómo educaríamos a un niño, lo primero es un enfoque de amor, debemos amar esta parte nuestra ya que un camino al autodesarrollo es el amor, como ya vimos cuando abordamos el tema de la compasión. Pero, desde ese mismo amor, podemos establecer reglas y límites, muchas veces podremos ceder, otras debemos ser rígidos. El cuándo optar por cada decisión lo marcarán la mente sabia y el análisis de las prioridades.

La enajenación

"Nada desaparece hasta que nos enseñe algo que necesitemos saber." – Pema Chödrön

Aunque sea breve, este apartado bien merece un capítulo. La enajenación puede ser vista como la respuesta física al estado mental de estar "fuera de sí", de perder el control. También puede tomar como el estado mental en sí, no como la respuesta física, esta acepción es más común.

Lo que sí están claras, son dos cosas. La primera es que el estado mental produce reacciones físicas no deseadas y dañinas y la otra es que esto es justo lo opuesto a lo que pretende el mindfulness.

Por norma general, la enajenación ocurre cuando el vaso se colma. Y esto puede pasar de golpe o gota a gota. Pongamos por ejemplo, el caso de que se llene de golpe, esto es, vamos conduciendo tranquilamente por una carretera comarcal y de pronto alguien hace una maniobra peligrosa y está a punto de ocasionar un accidente. Me he fijado mucho en las reacciones de la gente, y pocas veces puedes esperar una palabra amable en estos casos, lo común es una respuesta que evidencia ira, malas palabras, gestos obscenos, tensión muscular, mucha adrenalina... Tal vez se trate de una persona pacífica, amable y quien la conozca se sorprenda al verla así, pero en estado de enajenación, cualquier respuesta, generalmente agresiva, es posible.

Por otro lado está la más peligrosa, aquella que es gota a gota. Puede tratarse de gotas diferentes, por la mañana nos llaman del colegio porque el niño está enfermo, a mediodía recibimos una mala noticia, por la tarde se avería el coche... un día para olvidar. Es muy común y sencillo que cualquier gota, por pequeña que sea, rebose nuestro vaso. Pero otras veces no se trata de eso, recuerda que nuestro mundo interno define el externo y que los sucesos tienen el peso que decidamos darles. Entonces se trata de sentir algo, inseguridad por ejemplo. Desde esa inseguridad, podemos sentir miedo, duda, tristeza. Todo ello se mezcla en un sentimiento de ansiedad que nos sobrecoge, los síntomas físicos como la respiración acelerada y las palpitaciones, se hacen presente. Comenzamos a ver el mundo desde la ansiedad, no desde la serenidad y la mente emocional gana poder de decisión sobre la racional y la sabia. Entonces el vaso no sólo se llena con facilidad, sino que empieza a pesar y mucho.

Comienza la irritabilidad, la frustración, el mal humor, también síntomas físicos como dolor muscular y de cabeza. Ideas recurrentes vienen a la mente, más fruto del estado emocional alterado que de la lógica y la razón. Entonces es frecuente empezar a visualizar situaciones, futuras y presentes, desde una perspectiva catastrófica. Y la mente se presenta muy trabajada y fértil para la enajenación.

Supongamos el caso de problemas en el trabajo. Comienzas a ver algunos indicios, un poco de frialdad en el trato, cambios en las responsabilidades, normas más restrictivas que te afectan. Quizás no tenga nada que ver, tal vez todo esté bien, pero comienzas a barajar ideas como que te infravaloran, que te quiere "apretar la cuerda" y llegas a la conclusión que te quieren despedir. Esto genera sentimientos como inseguridad, miedo y rabia y cambian todo tu enfoque. Ahora el trabajo te produce sentimientos negativos, ya no estás cómodo, cuando tus compañeros se reúnen te da la sensación de que hablan de ti, cuando alguien te discute algo, percibes como que todo es personal y que están en tu contra... Al pasar de los días, estos sentimientos se alimentan como una bola de nieve colina abajo y van tomando el control de tus actos. Tu productividad desciende, tu trato con el compañero se vuelve distante. Y en tu mente vives la conversación de despido una y otra vez. Todo ello son gotas que van llenando el vaso y que lo convierten en una carga muy pesada.

Entonces llega el día, tal vez tenías razón o quizás es el resultado de tus problemas laborales, pero te llaman al despacho del jefe y te comunican el despido. Entonces la rabia se apodera de ti, todas tus nefastas expectativas se cumplen y gritas lo desagradecido que son contigo, del peso de tu papel en la empresa y de cómo son los favoritos los que se quedan.

Este es el proceso, gota a gota, que lleva a una persona a golpear a otra, o a quitarse la vida. El barajar ideas, darles mucha importancia, imaginar realidades alternativas para sentirse realizado o para tener sensación de control. Luego está el carácter de cada persona, las hay más o menos agresivas, pero hasta la persona más calmada puede matar a alguien en un estado de enajenación.

No sé si llamarlo cura, antídoto o vacuna, pero la mejor forma de evitar esto es mediante el mindfulness. La razones son bien sencillas:

- El mindfulness potencia el uso de la mente sabia, la cual pone límites a la emocional y no permite que se haga con el control poco a poco.
- También nos ayuda a observar y gestionar nuestras emociones cotidianamente y esto dificulta que el vaso se llene.
- El ejercicio del mindfulness nos ayuda a analizar la realidad desde la serenidad, sin dejarnos llevar por imaginaciones catastróficas.
- Ser uno mismo, de forma consciente, quien decide el peso y el significado real de cada situación, nos aporta una perspectiva más constructiva y positiva de la que ofrece dejarnos llevar por el miedo y la inseguridad.

Si en algún momento te percibes enajenado, respira hondo y lucha por recuperar el control. Ten presente que un grito, una mala palabra, un golpe, no tienen marcha atrás. En este estado, lo único que queremos es imponernos y herir a la otra persona pero plantéate ¿de verdad eso es lo que quieres? ¿Qué bien te hará dejarte llevar y hacer daño a alguien? Llegados al punto de explosión, puede parecer muy difícil detenerse, es cierto, lo ideal es frenar mucho antes, pero no es imposible tomar el control de la situación y que tu serenidad y paz imperen en el momento.

Si presencias la explosión de alguien, valora si es necesario intervenir durante ella o es mejor hacerlo después, ayudarle cuando se haya calmado. Lo más efectivo suele ser esto último, aunque en ocasiones no se puede esperar y debemos manejar la situación con guantes, sin echar más leña al fuego, lo cual ocurre con frecuencia, ni tratando de dominar a la persona. Es él quien tiene que recuperar su propio control, no tú. Invítalo a respirar, a expresar cómo se siente, a abandonar el lugar para conseguir otra perspectiva.

La enajenación es el resultado opuesto al mindfulness y nunca ha salido nada bueno de ella. Trabaja desde tu mente para tener siempre el control y no ser tu propia y más perjudicada víctima.

Energía, fuentes y ladrones

Lo que haces hoy puede mejorar todos tus mañanas.
(Ralph Marston)

Leonardo Da Vinci, Thomas Edison, Miguel Ángel. Son ejemplos de personas que marcaron un antes y un después con sus logros. Sus inventos y obras no sólo perduran hasta hoy, sino que supusieron una fuente de inspiración para millones de personas. ¿Qué tienes en común con ellos? Sencillo, días de veinticuatro horas.

Para todos nosotros el sol sale y se pone a la misma hora y todos tenemos las mismas oportunidades. Sin embargo, al margen de enfermedades, existen personas capaces de sacar partido extra a las horas, de hacer tareas de forma muy productiva y terminar el día habiendo trabajado, disfrutado de la familia, los amigos, el ocio... y aunque lo parezca ¡sus días no duran 36 horas!

Claro que hay factores externos que intervienen, excesivas horas de trabajo, cuidado de bebés o mayores, épocas de exámenes que requieren atención y dedicación plena y demás. Pero incluso en estas circunstancias, encontramos diferentes formas de afrontarlo según la energía de la que se disponga.

Es necesario hacer hincapié en que las circunstancias no determinan nuestra energía, claro, podemos decir: "dile eso a una madre de dos hijos, soltera y con dos trabajos". Pero a eso no es a lo que me refiero, sino a que en todas las circunstancias, hay maneras de tener más o menos energía. Esta persona en cuestión podría contar con un chute extra de energía siguiendo unos sencillos consejos.

No caigas en el victimismo

Por desgracia esto es cada vez más común y es nefasto para la energía. El victimismo nos sitúa al lado opuesto del protagonismo. Estar en la posición de saberte dueño de tu vida, te empujará a tener planes, proyectos, pero el considerarte una víctima te hace tener enfoque de esclavo, de tener que luchar sólo para sobrevivir. A todos nos suceden cosas, nos sobrevienen problemas, pero eso no dicta quienes somos ni hasta dónde podemos llegar. Existen casos de huérfanos criados en la más extrema pobreza, de niñas de dieciséis años violadas y con hijos, de padres que han perdido a sus hijos, que han logrado tener una vida plena y feliz. Las opciones siempre son, ser una víctima y esperar el próximo golpe que me da la cruel vida, o sobreponerse y tener un plan de vida lleno de metas y de planes para alcanzarlas.

Enfócate desde el humor

En muchas ocasiones se toma de la siguiente manera: me siento bien - no tengo problemas - todo es propicio - estoy de buen humor - río. Comúnmente veo que es así, y a consecuencia reímos muy poco, mucho menos de lo que deberíamos o, peor aún, mucho menos de lo que podemos disfrutar. Intenta desarrollar el siguiente orden: me río - me pongo de buen humor - me siento mejor - tengo perspectiva correcta sobre mis problemas- me lleno de energía.

La risa tiene importantes beneficios tanto en el plano físico como en el mental. Se trata de un gran estimulante para muchos órganos, entre los que destacan el corazón y los pulmones, mejorando su funcionamiento. También aumenta las endorfinas que se liberan al cerebro. En referencia a lo mental, la risa es un gran antídoto y protección contra la ansiedad y el estrés, ayudando a combatirlos y prevenirlos.

El buen humor y la risa, no sólo nos llenan de energía, sino que además nos ayudan a perfilar una perspectiva de actuación optimista y apropiada. Suponen un aporte importante a la definición de felicidad que la mayoría de personas podemos tener.

El buen humor se considera un signo de inteligencia, además de convertirnos en personas más influyentes y atractivas. Puedes tener en cuenta que este aspecto nos ayuda a tener más energía, a la vez que a administrarla mejor. Tener un buen sentido del humor no es para tomarlo en broma.

Divide los problemas en pequeños retos

Un problema, un imprevisto, la aparición de una dificultad, pueden suponer un mazazo para el estado de ánimo y por tanto un gran desgaste de energía a la vez que un agujero negro que absorbe nuestra capacidad de recargarla.

Ahora bien, valiéndonos de la ley de que nosotros podemos darle el significado que queremos a cada situación, podemos ubicarlo como obstáculo o como reto, con una significativa diferencia. Situarlo mentalmente como un obstáculo puede convertirlo en una espina en nuestra mente que desangra gota a gota nuestra energía. Sin embargo, el tomarlo como un reto nos posiciona como protagonistas capaces de resolverlos, lo cual nos permite, tanto hacer un presupuesto de la energía que necesitaremos para ello, cómo hacer acopio de ella.

Esto nos afecta tanto mental como emocionalmente, ya que es infinitamente diferente tener un problema a la espalda, que un reto en la mente. También, este enfoque apropiado, nos invita a planificar acciones para avanzar y resolver que es la forma de abordaje más efectiva.

Hagas lo que hagas, hazlo con amor

El amor puede ser la mayor fuente de energía de la cual podemos abastecernos. Además ejercitarlo a diario aumenta nuestra capacidad energética, como si nuestro "tanque de gasolina" aumentara de tamaño.

El amor, por poner un ejemplo, por nuestros hijos, nos hace afrontar nuestras responsabilidades como un disfrute, placer u oportunidad. El amor por nuestra pareja y por cómo emplearemos el dinero con ella, puede mejorar nuestra actitud y productividad en el trabajo.

Tocando el tema del trabajo, el amor por las personas, por lo que hacemos, puede darnos energía para afrontar los diarios retos que puedan surgir. En este campo, el amor nos transforma o moldea como personas más amables, honestas y dedicadas, lo que supone un aporte extra de energía.

El término "gastos hormiga" hace alusión a esos pequeños gastos que hacemos cotidianamente que en la economía global mensual suponen una gran suma. En el ámbito emocional también tenemos este tipo de gastos, nos drenan la energía y obstruyen los canales para recargarla. Estos gastos son el odio, el rencor, la rabia, la envidia, los celos, la amargura y demás. Pues bien, el amor disminuye y hasta pone fin a este tipo de desgastes energéticos. Muchos de estos factores pueden venir de forma externa, ya que actuando influenciados por ellos, las personas pueden hablarnos mal, mirarnos de forma inapropiada o tener gestos indeseados. Claro, si alguien nos sonríe nos puede aportar energía, mientras que un insulto puede privarnos de ella, esto es inevitable. Pero aún cuando nos tratan de manera incorrecta, si respondemos desde el amor, nuestra energía fluirá y no se verá tan resentida.

Por último, una actitud íntimamente ligada al amor, es la de la gratitud. Y quiero mencionarla porque hace fluir intensamente la energía positiva en nosotros, mientras que lo contrario, la queja constante nos agota por completo. Muchas personas le agradecen a Dios, otras a la fortuna, el universo o el karma, yo no voy a decirte a quien debes agradecer, pero sí que has de hacerlo. Hay que ser agradecido con el planeta, con la naturaleza, por el oxígeno que respiramos, las legumbres que comemos, el sol que nos alumbra. No hay que dar por sentado todo lo que tenemos sin valorarlos, es importante apreciarlo y agradecerlo. También hay que agradecer al prójimo, por todo lo que hace, sí, yo le doy un euro al panadero por el pan, pero él ha salido de casa a las tres de la madrugada para tener el pan horneado y listo a primera hora de la mañana. Tengo que ser agradecido con mi propio cuerpo, por la salud, por lo que puede hacer, por lo que ha hecho hasta ahora... El agradecimiento es propio del amor y esto nos hace enfocarnos en todo lo que tenemos, en lugar de en lo que nos falta, y nos llena de energía de forma apropiada.

El orden

Se trata de una obviedad pero, a menos cosas tengamos que gestionar, de más energía dispondremos para otras tantas cosas, quizás más importantes. Sin embargo, por la inercia de la vida, es muy común que el desorden aparezca y se establezca en tu vida. Nos lleva mucho esfuerzo solucionar los efectos del desorden y trabajar o actuar influenciados por él nos afecta mucho y muy negativamente.

Establezcamos como desorden el estado de confusión del orden, en el cual no se desarrolla un óptimo flujo de energía y entorpece el trabajo de cualquier tipo. Entonces, por el contrario, el orden sería el estado en el cual se produce un óptimo flujo de energía y que favorece el trabajo y la productividad. No son definiciones de diccionario. Entonces, entrando en materia, podemos hablar de orden y desorden en tres áreas diferenciadas.

La primera área sería la física, la más común cuando se habla de esto. El orden físico implica tener nuestro entorno en buenas condiciones, lo que suele llamarse "la casa recogida". Es muy diferente despertarnos en una habitación ordenada y limpia que nos carga de energía por completo, que en una caótica que nos hará invertir más energía de la necesaria en buscar la ropa, encontrar los zapatos y demás.

Lo mismo aplica a cocinar en una cocina en la cual hemos de rebuscar cada ingrediente por carecer de orden o trabajar en un entorno, escritorio, taller, almacén, consulta, en la cual nada está a mano, o a la vista.

El hecho de percibir desorden con la simple mirada, ya implica un desgaste energético, pues la mente tenderá a trabajar para dar un sentido lógico a lo que está viendo, al tratar de comprender y analizar el entorno, gastará gran energía de forma improductiva.

La segunda área es la metal, aquí también puede haber orden o caos. Para entenderlo, lo mejor es convertirlo en algo tangible. Es mucho más fácil imaginar la mente como una habitación. Están los cajones, en los que almacenamos calcetines, la cama, en la que dormimos, el escritorio, desde el cual trabajamos... de esta manera en la mente tenemos recuerdos, pensamientos e ideas. En la supuesta habitación podemos encontrar un calcetín y pasar horas buscando su pareja, como en nuestra mente podemos intentar pensar y no conseguir acordarnos de lo importante o tener demasiadas ideas sin relación, demasiados pensamientos productos de una mente desordenada.

Tener la mente en orden produce mayor fluidez y efectividad de pensamiento y es la clave para trabajar desde la serenidad. Para conseguirlo, una de las claves está en reducir el ruido que hay en ella. Vivimos en entornos sobre estimulantes que nos llenan de señales de todo tipo. La mente está abierta a los estímulos, esto nace de la necesidad de comprender el entorno para adaptarnos y responder a él. Esto no suponía problema cuando los estímulos nos avisaban de posibles peligros, es más, era muy conveniente. Enfocarnos en los estímulos correctos es algo muy positivo lleno de utilidad y beneficios, sin embargo, esto se dificulta enormemente por el torrente de información que desborda nuestros sentidos. En esta "habitación desastre" puede haber gran confusión y dificultad para ser uno mismo.

Sin embargo, el mindfulness tiene algo que decir al respecto. La observación, tanto hacia el interior como hacia el entorno, y la meditación son de gran ayuda, la mejor herramienta. Tan sólo cinco minutos de meditación diaria pueden marcar una diferencia purgando los efectos de la sobre estimulación. Además, la concentración desarrollada nos da la facultad de ser más selectivos con los estímulos percibidos.

Dedicar tiempo a la lectura, la escritura, el dibujo, hacer música, la observación de la naturaleza y cosas semejantes, son buenas maneras para ordenar la mente y nos permite disfrutar de todas las ventajas que ello aporta.

Los mismos principios son aplicables a lo emocional, con el hándicap propio de la dificultad de confundir emociones, no saber sus fuentes exactas o manejarlas de forma errónea.

Es un principio básico que, para ordenar las emociones, lo primero es identificarlas, pero esto no es tarea sencilla porque estas no se presentan con palabras ni etiquetas. Un pensamiento puede compensarse con otro pensamiento y, de la misma manera, un sentimiento puede contrarrestarse con otro. Pero los sentimientos no se sustituyen, negando a unos e implantando otros, no se les pone una capa de pintura ni una pegatina para que parezcan más bonitos. En ocasiones, creemos que, dada su naturaleza, interna e intangible, podemos manejarlos desde la imaginación y que si nuestra voluntad es sentir otra cosa, eso debe bastar. Y lo peor es que lo hace, funciona, por lo menos al principio, pero a un costo muy elevado. Podemos negar los sentimientos y comportarnos, incluso pensar, como si tuviéramos otros, pero nada hay que crezca más rápido que un sentimiento enterrado. La ansiedad, la frustración, la apatía, la confusión... son el fruto persistente de las emociones enterradas

El enfoque correcto para ordenar las emociones, pasa por comprender, para empezar, que no se cambian, se transforman. No querer asimilarlas es la forma más efectiva de fomentarlas. Es necesario aceptarlas, es más importante esto que ponerles un nombre. Esto que siento, ¿es rabia, ira o cólera? Qué más da cómo se llame, lo importante es concentrarte en sentirlo, si la escuchas, ella te contará todo, qué la produce realmente y para qué está aquí. Entonces debes tratarla con aceptación y compasión, el amor es más fuerte que cualquier emoción y nos ayuda a canalizarlas.

De niño, como la mayoría de nosotros, quería basar mi dieta en regaliz y otras golosinas. No me juzgo, son ricas, están muy buenas. Mi naturaleza interna dictamina que, si el sabor es bueno, puedo alimentarme de ello. Por suerte tenía padres, los cuales vigilaban mi alimentación y, aunque comía golosinas de vez en cuando, disfrutaba de una dieta equilibrada. Con los sentimientos pasa muy similar, queremos sentir sólo los llamados "buenos" los que nos gustan, las regalices emocionales, pero para nuestra sana nutrición, es necesario todo el abanico de emociones. No hay emociones mala, sólo malas gestiones de emociones difíciles.

El ejercicio físico

No es ningún secreto que el ejercicio físico tiene tantas ventajas para la salud que es de obligado cumplimiento. El ejercicio nos llena de vitalidad, sí, pero también nos aporta otras mejoras físicas, como lo son una mejor condición muscular, mayor salud en órganos como el corazón y los pulmones, mayor fortaleza en los huesos y un peso saludable, lo que se traduce en buena salud a largo plazo. Pero además mejora capacidades cognitivas como la atención y la memoria, así como el estado de salud cerebral general.

No es necesario empezar por una rutina de entrenamientos de una hora, con un entrenador personal en un gimnasio y un equipamiento tan completo como caro. Para ponerse en marcha, basta con proponérselo, algo de voluntad y buena actitud. Caminar durante veinte minutos al día tiene muchos beneficios, más allá de quemar unas cuantas calorías. Con este sencillo ejercicio al alcance de muchos, puedes combatir la ansiedad, generar bienestar y descansar mejor. Además de regular ciclos como el apetito.

Un cuerpo más sano, también será capaz de producir y almacenar más energía, además de enfocarla y administrarla mucho mejor. Por supuesto, que se trata de una inversión que requiere fuerza de voluntad. Se trata de abandonar el sillón o la cama, dejar de pasar un rato con la familia o pareja y ponerte a hacer algo que implica un esfuerzo, tal vez pasar frío o calor, algo de dolor al principio… no nos engañemos, al comienzo puede ser todo un reto, pero por sus enormes beneficios, vale la pena ponerle empeño y ganas.

El sueño

Cuando me falta tiempo, lo tomo "prestado" del de dormir, si tengo que avanzar, trasnocho, tengo el día tan ajetreado que mi tiempo de ocio transcurre en la noche… La falta de sueño tiene nefastos problemas para la salud. Cuando dormimos, no sólo recargamos energías, sino que en nuestro cuerpo y mente se suceden ciclos que sólo se dan mientras dormimos, y sí, de noche.

El ser humano necesita dormir, no debemos tratarlo como si de un privilegio o un premio se tratara. Nadie debería decir que no puede permitirse dormir ocho horas, no se trata de una concesión que nos hacemos, sino de una responsabilidad que tenemos para con nosotros mismos y para con nuestro entorno.

La falta de sueño puede acarrear problemas cognitivos, como falta de memoria y concentración, problemas emocionales, como un aumento de la irritabilidad, el estrés y la ansiedad. También problemas físicos, como obesidad, diabetes tipo dos y dolencias cardíacas. También afecta negativamente al sistema inmunológico, haciéndonos más propensos a la enfermedad y más lentos para recuperarnos de ella.

Por supuesto, lo contrario se puede aplicar a dormir bien. Mejoras a nivel físico y mental, que se traducen en más energía y mejor salud para disfrutarla. El término "higiene del sueño" hace alusión a todas esas medidas que podemos tomar, no sólo para dormir bien, sino para descansar mejor.

Algunos consejos esenciales para ello son:
- Establece y mantén una rutina. Siempre una hora de acostarse y otra de levantarse.
- Duerme cómodo. Nada de dormir con ropa de vestir, un pijama y una cama cómodos.

- Evita luces y estimulantes. Trata de dormir con todo apagado y dejando las pantallas unas dos horas antes de ir a la cama. Un buen libro puede sustituirlas
- Evita comidas copiosas. No permitas que el exceso de alimento centre todo el trabajo de la circulación en el aparato digestivo.

Disfruta de tu tiempo de sueño, es obligatorio, pero no por ello deja de ser un regalo. Es muy divertido llevar un diario de sueños, en el que apuntes lo que has soñado esa noche. Tienes que hacerlo en cuanto abras los ojos o se te olvidará.

Las rutinas

¿Te has dado cuenta que Mark Zuckerberg, fundador y CEO de Facebook y Steve Jobs, fundador de Apple, siempre usan la misma ropa? No se trata de pobreza, por supuesto que no, ¡es por no pensar! Cada día tienen que tomar muchas decisiones y no quieren desperdiciar energía decidiendo algo como la ropa que van a ponerse.

El cerebro consume en torno al veinte por ciento de la energía que consumimos en total y, por supuesto, su capacidad de pensar es limitada. ¿Nunca has estado haciendo la compra y a la mitad te has sentido exhausto? No ha supuesto un gran esfuerzo físico, pero se nos acabó la capacidad de decidir. Nos levantamos y requerimos energía para salir de la cama, luego más energía para decidir qué ropa ponernos, si nos afeitamos o no y cómo maquillarnos, qué tomaremos para desayunar... No ha empezado el día y ya hemos empezado a gastar la capacidad y paciencia del cerebro en decisiones de poca importancia.

Afortunadamente, el cerebro es adicto a las rutinas, le encanta activar el modo "ahorro de energía" y pensar lo menos posible. Para empezar, una rutina de "buenos días" bajo la cual, nos despertemos siempre a la misma hora y hagamos lo mismo en el mismo orden, nos ahorrará varias decisiones. Si además tenemos una rutina "buenas noches", en la cual incluyamos cosas como disfrutar de una bebida caliente, unos minutos de lectura o preparar la ropa que voy a ponerme al día siguiente, podemos ahorrar mucha energía para gastarla en las cosas que de verdad merecen la pena.

Para todo se puede establecer una rutina, bueno, para muchas cosas, y esto nos ayudará a enfocar mejor nuestra energía. No sólo eso, sino que además, empezar una rutina en el trabajo, hace que nuestro cerebro se haga a la idea, más fácilmente que está trabajando. Lo mismo ocurre con la de "buenas noches" la mente se acostumbra a que cuando empieza, es para ir a dormir y comienza a prepararse mucho mejor que si ni siquiera tiene una hora fija de ir a la cama.

Para finalizar

Confío que este manual te haya sido de gran ayuda, como lo ha supuesto para mí en tantas ocasiones. Soy consciente de que no se trata de un libro de narrativa, el cual nos deja finales abiertos que nos morimos de ganas de cerrar, pero sí está repleto de sabiduría aplicable que he recopilado y desarrollado.

Por supuesto hay muchos asuntos que me hubiera gustado abordar y no ha sido posible hacerlo, por lo cual habrá un segundo manual donde retomaré algo de este contenido con mayor profundidad y nuevos temas con el análisis apropiado.

Ahora te insto a ser protagonista de tu vida, que tus pensamientos y sentimientos trabajen juntos bajo tu dominio y control. También a que compartas con otras personas lo que has aprendido, aún hay mucha gente siendo presa de las circunstancias o viviendo desquiciados a la deriva de un enorme océano de fuertes emociones y tú puedes ayudarles a tomar el control de su mundo interior.

Impresión y editorial: BoD – Books on Demand
info@bod.com.es - www.bod.com.es
Impreso en Alemania – Printed in Germany
ISBN: 9788411747417